zu Klampen

Christoph Türcke

Religionswende

Eine Dogmatik in Bruchstücken

zu Klampen

Erste Auflage 1995

Postfach 19 63, 21309 Lüneburg
Barckhausenstraße 36, 21335 Lüneburg
Tel.: 04131/4 83 79, Fax: 04131/4 83 36
Druck: Clausen & Bosse, Leck
Umschlag: Johannes Nawrath unter Verwendung der Zeichnung
Christus mit Gasmaske von George Grosz.
Bildnachweis: Stiftung Archiv der Akademie der Künste, Berlin
Inv.Nr. Kunstsammlung: HZ 1282
Sign. Fotosammlung: Z 4

Die Deutsche Bibliothek - CIP-Einheitsaufnahme:
Türcke, Christoph :
Religionswende : eine Dogmatik in Bruchstücken /
Christoph Türcke.
1. Aufl. - Lüneburg: zu Klampen, 1995
ISBN 3-924245-51-7

Inhalt

Vorwort

»Die Kritik der Religion ist die Voraussetzung aller Kritik« war Ende der sechziger Jahre eine vielzitierte Formel. Der Atheismus galt damals in den studentenbewegten Industriestaaten als Würze der gesellschaftskritischen Umtriebe. Heute wirken bekennende Atheisten wie Überbleibsel einer versunkenen Ära. Warum? Hat moderne Wissenschaft inzwischen herausgefunden, was Theologie bloß beschwören kann: daß ein höheres Wesen, welches der Welt Sünde trägt oder sonstwie für ihren Sinn bürgt, tatsächlich existiert? Keineswegs. Wissenschaft kann nicht einmal feststellen, ob die Welt ewig ist oder einen Anfang hat (der Urknall ist nur ein relativer), geschweige denn für ein gutes Ende sorgen; noch die höchstentwickelte Medizin vermag den Tod nur hinauszuschieben, und ein »gnädiges« Ende ist nur ein relativ gutes. Deshalb wird keine Wissenschaft das religiöse Bedürfnis je zum Verstummen bringen. Aber nicht eine ihrer Leerstellen beweist, daß es etwas gibt, was sie ausfüllt, und sie mit Glaubensgewißheiten zu stopfen (»Der absolute Anfang ist *Gott*; für's gute Ende sorgt *er*«), ist die unredlichste Art, aus ihnen theologisches Kapital zu schlagen. Ein Architekt, der auf so ungesichertem Fundament baute, wie die Religion es hat, gehörte ins Gefängnis.

Nein, widerlegt ist der Atheismus nicht; die Geschichte ist nur über ihn hinweggegangen. Im neunzehnten Jahrhundert, mit der Industrialisierung Europas, wurde er zum Massenphänomen. Seit sich mit Industrialisierung nicht mehr automatisch die Erwartung einer besseren Menschheitszukunft verknüpft und die Möglichkeit des Sozialismus weltweit verblaßt ist, hat er einen entscheidenden Halt verloren. Die religiöse Renaissance, die im letzten Vierteljahrhundert in Gang kam, konnte nur denen entgehen, die Religiosität in mitteleuropäischen Gottesdienstbesucher- und Kirchenmitgliederzahlen messen. Die waren freilich rückläufig. Doch diejenigen, die an den christlichen Gott nicht mehr glauben mögen, haben sich ein weites Herz für Ufos, kosmische Energien und andere höhere Wesen bewahrt. Neueren Umfragen zufolge empfindet sich fast jeder von ihnen noch als »irgendwie religiös«, auch wenn ihm die Worte dafür fehlen. Und schaut man einmal über den mitteleuropäischen Tellerrand hinaus in den Nahen Osten, nach Afrika, Indien, Südamerika, so ist das Vorrücken religiöser Kräfte unübersehbar.

Es fehlt nicht an Analysen dieser Entwicklung. Sie registrieren das Anwachsen des sogenannten Fundamentalismus, deuten ihn als Flucht vor der Moderne oder als ihren Ausdruck, sehen in der fortdauernden Religiosität die wahre Natur des Menschen oder den Einfluß der Gesellschaft am Werk, bedauern oder begrüßen das – und umschleichen das Entscheidende wie heißen Brei: den religiösen *Inhalt*. Sofern es sich nicht um den eigenen handelt, ist die Sorge, man könne sich daran den Mund verbrennen, im öffentlichen Diskurs allenthalben zu beobachten; deutlich die Neigung, ihn, solange er sich im Rahmen der Legalität bewegt, auf sich beruhen zu lassen oder höflich-neutral zu umschreiben – was im Zeitalter wieder aufflammenden Religionshasses sicher ein guter Anfang ist: nicht gleich urteilen, erst einmal darstellen, Verständnis für die Denkweise und den kulturellen Hintergrund von Überzeugungen gewinnen, die nicht die eigenen sind. Wenn es dabei freilich bleibt und niemand mehr fragt, ob es am religiösen Inhalt irgendetwas unzweifelhaft Wahres gibt, oder ob nicht alle Religionen, so verschieden in Niveau und Herkunft sie auch sein mögen, wie durch geheime Verabredung darin übereinkommen, die Existenz irgendwelcher höherer sinnstiftender Wesen und Kräfte vorzugaukeln, dann schlägt die Toleranz gegen Andersdenkende in jenen gewitzten Kulturrelativismus um, dessen Geschäftsgrundlage lautet: »Ich respektiere deine, du respektierst meine Botschaft, und welche sich durchsetzt, lassen wir den Markt entscheiden.« Er übernimmt die Rolle eines Gottesurteils, das sich zwar nicht durch Sieg im Zweikampf oder auf dem Felde der Ehre, wohl aber durchs jeweils bessere Marketing ausspricht.

Wer, wie Max Weber, religiöse Überzeugungen als ein Reich von subjektiven Werten erachtet, worin es nicht Wahr und Unwahr, nicht Spreu und Weizen, folglich keinerlei wissenschaftliches Urteil gibt, sondern nur persönliche Vorliebe für dies oder jenes, der hat nicht nur jeden religiösen Inhalt der Kritik entzogen, sondern alle zusammen kritiklos den Marktgesetzen unterworfen. Deren Gottesurteil ist gewöhnlich milder als ein militärisches oder inquisitorisches, aber nicht minder dogmatisch: Recht hat, wer sich im Konkurrenzkampf durchsetzt. So ist der moderne religiöse Relativismus bloß das Gegenstück des alten Dogmatismus; was für diesen die Doktrin, ist für jenen der Markt, und was beide nicht hören wollen, ist die Wahrheitsfrage.

Jeder Bericht über religiöse Riten bei Amazonasindianern findet heute sein Publikum, jede Sektenreklame ihre Gefolgschaft, jeder katholische Dissident ein Medieninteresse. Aber ob diese Riten und Reklame vielleicht nur die simple, krasse Form einer Vorspiegelung von Nichtexistentem sind, die auf den Höhen des theologischen Diskurses zwischen Dissidenten und kirchlichem Lehramt nur viel subtiler, nämlich mit allen Wassern der Aufklärung gewaschen stattfindet – wer will das im Zeitalter der Privatsender noch klären? Auch die religiösen Gruppierungen sind ja, nicht anders als alle andern Verbände und Parteien, zu Privatsendern ihrer eigenen Botschaft geworden, und der Zerfall von Öffentlichkeit, der damit einhergeht, kann gegenwärtig kaum besser studiert werden als am Mißverhältnis zwischen gesamtgesellschaftlichem Vormarsch der Religion und Schwund ihrer öffentlich-kritischen Erörterung. Darauf reagiert die *Zeit*-Serie »Religionswende«, die hier – erweitert – in Buchform vorgelegt wird. Der Titel zeigt zweierlei an: zum einen die »Wende« zurück zur Religion, die weltweit stattfindet, zum andern die Notwendigkeit, religiöse Inhalte kritisch nach allen Seiten zu »wenden«, von denen aus Licht auf das Unhaltbare oder Unverzichtbare an ihnen fällt. Exemplarisch werden zehn Begriffe durchgenommen, deren religiöser Charakter ebenso offensichtlich ist wie ihr Weiterleben in einem alltäglichen Sprachgebrauch, der, wenn er sie unbefangen, neutral oder ohne jede religiöse Absicht zu verwenden glaubt, nicht weiß, was er tut.

Blasphemie

Christus am Kreuz mit Gasmaske und Knobelbecher; dem Querbalken des Kreuzes beide Enden weggebrochen; die linke Hand Christi, dadurch frei geworden, ein kleines Kreuz hochhaltend; das ganze mit »Maul halten und weiter dienen« unterschrieben: diese kleine Zeichnung von 1928 brachte George Grosz seinen berühmten Prozeß wegen Blasphemie (=Verhöhnung der Religion) ein. Er kam glimpflich davon, die Frage aber blieb: Hatte er verhöhnt oder bloß dargestellt?

Nun, man blättere einmal in Dokumenten der Weltkriegstheologie, wo der Bibelspruch »Wer aber ausharrt bis zum Ende, wird gerettet werden« (Matth 10,22) so ausgelegt wird: »Das Christentum ist nun einmal ein Kriegsdienst, in dem auch das Opfer des Lebens nicht verweigert werden darf. Christus ist gekommen, um Satan, ›den Fürsten dieser Welt‹, aus seinem Reich hinauszutreiben«. »Der Tod auf dem Schlachtfelde kann [...] des ganzen Ruhmes und Verdienstes eines Märtyrers teilhaftig werden«. »Ausharren und durchhalten muß der Tapfere.« So der Jesuit Christian Pesch 1915[1]; es hätte auch ein Protestant sein können. Die Kriegstheologie jener Zeit war ökumenisch und international – einmütig darin, die christlichen Nationen des Abendlandes zur wechselseitigen Massenschlächterei im Namen des Gottes, den sie gemeinsam zu verehren vorgaben, aufzuwiegeln.

1 Zit. n. K. Hammer, Deutsche Kriegstheologie, München 1974, S. 318 f.

Grosz' umstrittene Zeichnung ist ein Seismogramm des ersten Weltkriegs. *Der* hat Christus Gasmaske und Knobelbecher übergestülpt, er, Grosz, die Untat bloß im Bilde festgehalten. Indem Christus darauf ein kleines Kreuz ins Leere streckt, als ob er die dort nicht Sichtbaren beschwören wolle, ihm die Maske abzunehmen, gewinnt das große Kreuz, an das er genagelt ist, etwas von seiner Authentizität als Marter- und Hinrichtungsinstrument zurück, die es als Symbol, das auf dem Altar steht oder der Geistliche feierlich schlägt, längst verloren hatte. Das wirkliche Kreuz ist Schock: die gemarterte Menschlichkeit als Vexierbild eines Gottes, der aller Marter ein Ende machen soll – und nicht kommt. Zum Symbol verflüchtigt, als Erkennungsmerkmal einer prosperierenden religiösen Bewegung, gibt das Kreuz eine andere Botschaft: »In diesem Zeichen wirst du siegen«. Die gemarterte Menschlichkeit erstrahlt nun als Wille Gottes wie später der Heiligenschein um die Köpfe. Mit einfachsten Mitteln stellt Grosz die skandalöse Umwertung dar, die der Skandal des Kreuzes Christi im Christentum erfuhr. Die Gasmaske als Wahrzeichen des Weltkriegs wie als das Gerät, das den Gekreuzigten nicht einmal mehr sein »Mein Gott, mein Gott, warum hast du mich verlassen« (Matth 27,46) schreien läßt, stattdessen die lakonische Unterschrift »Maul halten und weiter dienen«: das ist Kreuzestheologie des zwanzigsten Jahrhunderts, nicht Blasphemie.

Und wenn dennoch viele Zeitgenossen nichts anderes in ihr wahrzunehmen vermochten als die handfeste Beleidigung ihrer religiösen Gefühle? Dann zeigt das, was für ein dunkles Kapitel religiöse Gefühle sind. Die fallen ja nicht klar und rein vom Himmel, sondern formen sich in langwieriger Entwicklung. Vom ersten Schrecken oder Schauder, den jemand bei Naturvorgängen empfindet, die ihn bedrohen oder seine Fassungskraft übersteigen, bis zur Fixierung übernatürlicher Autoritäten, denen als Ordnungs- und Sinnstiftern, als Gesetzgebern, Richtern und Rettern eine dauerhafte Verehrung entgegengebracht wird, ist es ein langer Weg, auf dem die seelische Disposition eines Kollektivs allmählich so aus- und zugerichtet wird, daß es schließlich bestimmte Rituale, Kult- und Glaubensinhalte als so natürlich empfindet, als wären sie der ganzen Menschheit an der Wiege gesungen und nicht das Produkt eines jahrhundertelangen inneren und äußeren Disziplinierungsprozesses.

So gewiß ein Mensch, dem nichts heilig ist, ein rohes, skrupelloses Wesen ist, so wenig sind Skrupel, Scheu, Verehrung von etwas Höherem schon von sich aus ein Beweis von Zartsinn und Humanität. Anfangs waren sie nichts als Selbstbehauptungsmaßnahmen, aufgezwungen von einer undurchschauten, übermächtigen, bedrohlichen Natur, der man mit blutigen Opfern zu gefallen suchen mußte, um ihr nicht zum Opfer zu fallen. Not und Gewalt sind der Bodensatz des religiösen Gefühls, und sie fehlen nicht, wo es aus einer schwankenden, diffusen Regung in einen festumrissenen Kult überführt oder gar zu einer ganzen Kultur ausgebaut wird. Wie mag denn das Christentum dahin gekommen sein, daß die Gläubigen schließlich gar nicht mehr anders konnten als vor dem Altar das Knie zu beugen, zur Nennung der heiligen Dreifaltigkeit oder der Muttergottes das Kreuz zu schlagen und die Hostie mit einem Schauder der Ehrfurcht entgegenzunehmen? Allein durch gutes Zureden? Oder nicht mindestens genauso dadurch, daß an denen,

denen solche Reaktionsweisen nicht so recht in Fleisch und Blut übergehen mochten, bisweilen die furchtbarsten Exempel statuiert wurden? Auch wenn die Inquisition heute vielen Gläubigen nicht mehr als das wahre Christentum gilt, ist ihr Beitrag zur Verinnerlichung jenes Glaubens, der sich ihrer jetzt nicht mehr erinnern mag, unschätzbar. Der Anschauungsunterricht rauchender Ketzerscheiterhaufen ist in die Präparierung der Seele zur spontanen Verehrung und Andacht ebenso eingegangen wie die erbauliche Predigt und Caritas.

Mehr noch: Blasphemie ist Verhöhnung der Religion, aber keine Religion triumphiert, ohne blasphemisch zu werden. Natürlich war es eine Beleidigung der Gefühle aller Moslems, als Papst Innozenz III. Mohammed das »Untier der Apokalypse« nannte und die christlichen Kreuzfahrerheere in Moscheen ihre Notdurft verrichteten, natürlich war es eine Verletzung der religiösen Gefühle aller Juden, als Luther ihnen vorschlug, sie sollten statt der Heiligen Schrift jene »Bibel« lesen, »die der Saw unter dem Schwantz stehet, und die buchstaben, so da selbs heraus fallen, fressen und saufen«[1], und natürlich lassen sich im Judentum und Islam ähnliche Ausfälle nachweisen. Die Neuzeit hat Blasphemie also nicht erfunden, sondern ihr nur eine neue Nuance gegeben: zur Verhöhnung anderer Religionen die der Religion als solcher hinzugetan. Schriften »Über die drei Betrüger«, nämlich Moses, Jesus und Mohammed, machen im siebzehnten Jahrhundert heimlich die Runde, und schließlich wagt sich, Anfang des achtzehnten, ein französi-

1 M. Luther, Von den Juden und ihren Lügen, Kritische Gesamtausgabe, Bd. 53, Weimar 1920, S. 478

scher Landgeistlicher namens Jean Meslier, der in seinem Dorf zeitlebens brav die Messe gelesen hat, in seinem Testament so weit vor, daß er die Existenz *jeglichen* höheren Wesens leugnet. Die Religion ist ihm selbst der Aberglaube, von dem sie zu erlösen vorgibt. Mag das Christentum auch ihre höchst entwickelte Stufe scheinen – wer nur einmal gesunden Menschenverstand oder gar den Satz vom zu vermeidenden Widerspruch an Geschichten wie die hält, daß einer rundum gut geschaffenen Welt auf einmal das Böse entsprungen oder für ein bißchen Früchtestehlen von einem verbotenen Baum die ganze Menschheit ins Unheil gestürzt sein soll, dem muß doch in die Augen springen, wie lächerlich es ist, die Bibel als den Inbegriff aller Wahrheit zu verehren.[1]

Seither hat Blasphemie das Ansehen eines nihilistischen Gespensts. Blasphemiker kann doch eigentlich nur einer sein, dem nichts heilig ist. Es verbindet sich mit seiner Vorstellung Anarchie, Respektlosigkeit gegen jegliche Werte und Grundsätze, d. h. gegen alle kulturellen Errungenschaften, die die Religion im Laufe von Jahrtausenden mit sich gebracht hat. So wenig Skrupel, Scheu, Verehrung von etwas Höherem schon ein Beweis für Humanität sind, so kann doch Humanität ohne sie nicht sein. Die Hemmung, die eigene Begierde oder den eigenen Zorn umstandslos auszulassen, kommt zunächst aus der Furcht vor einer höheren, verbietenden Autorität. Es gibt keine Normen, die anfangs nicht religiös begründet gewesen wären. Die Religion

1 Vgl. G. Mensching (Hg.), Das Testament des Abbé Meslier, Frankfurt am Main 1976

ist die Mutter aller Moral, so unmoralisch sie in der Geschichte auch gewütet hat.

Gerade daher freilich ist das Aufbrausen derer, die sich von ihr ent- oder getäuscht fühlen, nur zu verständlich – und die Behauptung, dem Blasphemiker sei nichts heilig, demagogisch. Nicht einmal auf den Marquis de Sade, der die Dreifaltigkeit Gottes aufs Virtuoseste mit allen erdenklichen Obszönitäten zu verknüpfen wußte, trifft das ohne weiteres zu. Er predigt den Kult einer rigorosen Lustmaximierung, dem jegliche Religion, Standesetikette, Sitte, Freundschaft, ja jeglicher Skrupel als Aberglaube aufzuopfern ist. Um des Lustkults willen darf alles niedergemacht und verspottet werden, nur er selbst duldet keinen Spott – und ist damit tendentiell schon der Krampf, der aller Lust den Garaus macht. In den Gewalt- und Sexualorgien der Sadeschen Hauptdarsteller nimmt sich die Daueraufstachelung zu Genuß und Lust denn auch aus wie das Sich-Klammern an einen letzten Halt. »O meine Freunde, laßt uns nur zusammen den Orgasmus haben: Das ist das einzige Glück des Lebens«[1], ruft einer von ihnen im Geschlechtsrausch aus, den er damit als letztes Betäubungsmittel seiner Todtraurigkeit zu erkennen gibt. Die zwangsverordnete, vergötzte Lust wird bald schal, und ihr Priester, Sade, ist seinen christlichen Widersachern gar nicht so unähnlich; seine Sehnsucht nach skrupellosem Genuß ist das Negativ der christlichen nach einer Seligkeit ohne jeden Gewissensbiß, und der Zynismus, den er dabei entwaffnend ehrlich zur Schau trägt, offenbart und beschämt zugleich jenen verdruckst-verleugneten, der dort waltet, wo im Namen ewiger

1 Marquis de Sade, Die Philosophie im Boudoir, Gifkendorf, o. J., S. 155

Lust und Seligkeit *nach* dem Tode die Lust *vor* dem Tode angegriffen wird. Sade ist radikaler Anti-Humanist – bis an den Rand radikal aufgeklärter Humanität. In seiner Blasphemie berühren sich die Extreme.

Nein, keine Sorge: Blasphemie ist nicht einfach dasselbe wie Aufklärung. Aber Aufklärung sieht Blasphemie manchmal zum Verwechseln ähnlich. Spott dringt, wenn er ins Schwarze trifft, tiefer als jede andere Form von Kritik. Was langen Beweisgängen oft versagt bleibt, schafft bisweilen ein einziger Witz, eine Satire, eine Karikatur: das Eitle, Aufgeblasene, Anmaßende geltender Autoritäten bloßzustellen. Spott ist zynisch, wo er Trauriges lächerlich *macht*. Er ist aufklärerisch, wo immer er das, was lächerlich *ist*, blitzartig zum Vorschein bringt: es notfalls bis zur Kenntlichkeit entstellt. Kritik ohne Spott ist zahnlos, faßt nicht wirklich zu, ist nicht ganz ernst gemeint. Daher konnte aufklärerische Religionskritik gar nicht anders, wenn es ihr denn ernst war, als ab und zu religiöse Autoritäten und die von ihnen gehegten Gefühle zu beleidigen. Sporadischer Spott gehörte zum Schwung ihres Angriffs.

Als das Christentum noch groß und stark war und sich allen Mitgliedern der Gesellschaft als allein seligmachend aufdrängte, bedeutete Verhöhnung der Religion so viel wie Widersetzlichkeit gegen die höchste Wahrheit – und schien deshalb so ungeheuer verwerflich, weil vollkommen unvernünftig und selbstzerstörerisch. Man schloß sich damit aus der Christenheit aus, wenn nicht sogar von elementaren Grundregeln des gängigen Verstandesgebrauchs. Wer bei Sinnen war, konnte das nicht wollen. In der bürgerlichen Gesellschaft, die sich auf Menschenrechte, nicht auf göttliche Gebote beruft und Religion zur Privatsache erklärt, verliert der Tatbestand der Blasphemie indessen seine Kontur. Verhöhnt wird nicht mehr *die* Wahrheit, denn die wird keiner Glaubensrichtung mehr exklusiv zugestanden, sondern *das* religiöse Gefühl als solches, das ohne Ansehen seines Inhalts Unverletzlichkeit beanspruchen dürfen soll. Weil es darin besteht, irgendetwas, worüber nicht weiter zu befinden ist, heilig zu halten, wird es selbst als heilig befunden – jedenfalls so weit, daß Artikel 166 unseres Strafgesetzbuchs den Schutz gegen »Beschimpfungen von Bekenntnissen, Religionsgemeinschaften und Weltanschauungsvereinigungen« ausdrücklich vorsieht. Auch in der modernen, pluralistischen Gesellschaft, die jedem seine Einstellung zur Religion als seine Privatangelegenheit überläßt, gilt Blasphemie als objektivierbarer Tatbestand; sein Kriterium jedoch ist, ob sich jemand beleidigt *fühlt*, also rein subjektiv. Es macht keinen Unterschied zwischen dem Erniedrigten und Beleidigten, dessen Würde, und der beleidigten Leberwurst, deren Eitelkeit Schaden genommen hat. Und wie viele Verschrobenheiten werden heute nicht von »Religionsgemeinschaften und Weltanschauungsvereinigungen« als »wahr« ausgeboten, ohne sich um ihre Vereinbarkeit mit einer hochtechnisierten modernen Umwelt im geringsten zu scheren; wie dreist geht da nicht das religiöse Gefühl ohne die mindeste Ehrfurcht vor der Idee der Wahrheit auf Kundenfang.

Aufklärung, die etwas taugt, tut weh; sie kommt bisweilen nicht umhin, religiöse Gefühle zu beleidigen, indem sie die Unverschämtheit darin klar beim Namen nennt. Der Blasphemieparagraph ist ihr entgegen. Er atmet noch die

Angst vor dem nihilistischen Gespenst, die in der Frühzeit der Moderne vor jenen Freigeistern umging, denen nichts heilig schien, weil sie der Religion als solcher den Kampf ansagten. Die heutige Religionsausübung ist zwar frei; aber, so sagt das Blasphemiegesetz hinter vorgehaltener Hand, besser irgendeine Religion als gar keine, besser Ehrfurcht vor irgendetwas Höherem als Ehrfurcht vor gar nichts Höherem. Was für Grundsätze einer hat, ist nicht so wichtig; aber irgendwelche muß er haben, um sozial verträglich zu sein.

Im Gegensatz zur Blasphemie ruft das Blasphemiegesetz so gut wie keine Empörung hervor. Es entspricht einem kollektiven Halb- und Unbewußten, das durch eine jahrtausendelange Schulung den Schrecken vorm Chaos und den Respekt vorm Heilig-Erhabenen bis an den Rand eines konditionierten Reflexes verinnerlicht hat. Insofern ist die moderne Gesellschaft alles andere als blasphemisch. Jeder Unsinn, der es schafft, als Weltanschauung Gläubige um sich zu scharen und religiöse Gefühle auf sich zu ziehen, genießt ihren Schutz, solange er ihre Grundsätze nicht antastet. Im Reich der chancengleich konkurrierenden religiösen Gefühle soll keines verunglimpft werden. Sollte jedoch jemand diese Konkurrenzsituation selbst, den sogenannten »Markt der Möglichkeiten«, auf dem sich die Religions- und Bekenntnisgemeinschaften als Angebote präsentieren und mit millionenschweren Werbekampagnen ihr Image aufzupolieren suchen, als blasphemisch empfinden, nämlich als Prostitution des Heiligen durch seine eigenen Repräsentanten, so wird er bei keinem Richter Gehör finden. An *dieser* Form von Prostitution nimmt nämlich in einer kapitalistischen Gesellschaft nahezu niemand Anstoß. Sie ist das Lebenselixier aller, die ihre Arbeitskraft als Ware feilbieten müssen. Daß darin, daß religiöse Inhalte nur noch in dem Maße prosperieren können, wie sie als Waren präpariert und erfolgreich abgesetzt werden, eine gigantische Blasphemie stecken könnte – diese Überlegung wird erst gar nicht angestellt. Wer etwa eine Kirchenleitung, die ausgebuffte Werbefachleute beauftragt, Glaubenshaltungen mit den Mitteln, die bei Computern und Autos erfolgreich sind, zu lancieren, einen Zuhälterverein des Christentums nennen würde, müßte sich selbst vor Gericht wegen Beleidigung verantworten, während die Verhöhnung der Religion, durch die *er* sich beleidigt fühlt, im Blasphemiegesetz gar nicht vorgesehen ist.

Das Blasphemiegesetz ist modern, denn es ist marktkonform; es ist archaisch, denn es nährt unter dem Mantel religiöser Neutralität einen tiefsitzenden Respekt vor einem weiter nicht definierten Heiligen; und in beiden Hinsichten ist es antiaufklärerisch: schützt Glaubensinhalte, die das Licht der Vernunft zu scheuen allen Anlaß haben, ebenso wie den offen praktizierten Warenkult, der die Vernunft solange nicht scheuen muß, wie er ihre soziale Lebensbedingung ist. Das ist aber nicht alles. Weil das Blasphemiegesetz nicht nur gekränkte Eitelkeit in Schutz nimmt, sondern auch jene Erniedrigten und Beleidigten, die den Spott auf sich ziehen, weil sie den Schaden haben, kann es, so antiaufklärerisch es ist, gleichwohl der Aufklärung den Spiegel vorhalten: sie zur Selbstbesinnung auf ihren humanen Gehalt anhalten.

Aufklärung kann ohne Hohn und Spott nicht ernst sein. Aber Hohn und Spott waren stets nur da aufklärerisch, wo sie aus der Unterdrückung hervorbrachen, wo Schwache sie als Waffe gegen Mächtige führten, die über weniger Witz, aber über die stärkeren Bataillone verfügten. Natürlich sind Hohn und Spott dazu da, daß man schließlich siegt, aber wo sie durch den Sieg nicht gegenstandslos werden, wo sie das Triumphgeschrei der Sieger ausmachen, sind sie widerlich. Als die Nazis das Judentum verhöhnten, fuhr ein dummes, rassistisches Ressentiment gegen eine Religion daher, von deren geistigen Errungenschaften kritisches Denken bis heute mehr zehrt, als es sich gewöhnlich bewußt macht. Wenn Europäer sich über den Ahnenkult von Amazonasindianern lustig machen, so brüsten sie sich damit, wie weit sie es doch gebracht haben und feiern den Sieg des Kolonialismus auf geistloseste Weise nach. Solche Siegerposen sind auch dann keine Aufklärung, wenn es wirklich Aberglaube ist, über den sie herziehen. Es ist nicht einmal sicher, wie aufklärerisch es wäre, den armen Schluckern in den Favelas von São Paulo, Mexico oder Recife den Unsinn jener Pfingstreligionen vor Augen zu führen, an denen sie sich, weil sie sonst außer Hunger und Kindern nahezu nichts haben, verzweifelt festklammern. Jedenfalls gibt es Situationen, wo die Würde der Elenden eher respektiert ist, wenn man verstummt und Weiter-Aufklären in Besserwisserei der Privilegierten umschlägt.

Blasphemie an sich ist ein nichtssagender Tatbestand. Worauf es ankommt, sind die konkreten Umstände: Wer verhöhnt wie welche Religion? Wer fühlt sich beleidigt und warum? Viele der Moslems, die das Todesurteil des Ayatollah Khomeini gegen den Schriftsteller Salman Rushdie eine durch nichts zu rechtfertigende Ungeheuerlichkeit finden, waren gleichwohl empört über den Roman *Satanische Verse*, und zwar nicht einfach aus sexueller Prüderie, wie Richard Webster gezeigt hat, sondern geprägt durch die Erfahrung, daß »jahrhundertelang« »christliche Polemiker und westliche Orientalisten« dem Islam »eine phantastische, anrüchige oder teuflische Sexualität andichteten«. Wenn nun Rushdie in einem Bordell namens Hijab (so heißt der Schleier, mit dem sich moslemische Frauen verhüllen müssen) die Prostituierten die Namen der Gemahlinnen Mohammeds annehmen und sie in deren Rollen schlüpfen läßt, so fühlten auch sehr gemäßigte Moslems älteste europäische Denunziationen wieder aufleben – durch einen im Islam Erzogenen, der es besser wissen müsse und sich dennoch zum Sprachrohr hergebe für den »erschreckenden, triumphierenden Haß, den der Westen für den Islam seit dessen Ursprüngen hegt«[1].

Finsterer islamischer Fundamentalismus versus westliche Demokratie, Redefreiheit und Aufklärung: dies Schema ist wahrlich zu simpel für den Fall Rushdie. So gewiß die Empörung der gekränkten Eitelkeit nicht die der Erniedrigten und Beleidigten ist, so gewiß gibt es zwischen beiden unentwirrbare Grenzfälle, und ob der Sturm der Entrüstung gegen Rushdie, noch *ehe* Khomeini ihn zu seiner barbarischen Fatwah ausnutzte, mehr zur einen oder zur andern Art von Empörung zählt, ob in Rushdies gezielter Sexualsprache mehr aufklärerischer Witz oder mehr billiger Triumph

1 R. Webster, Erben des Hasses. Die Rushdie-Affäre und ihre Folgen, München 1992, S. 58

steckt, steht dahin – und wird durch seine nachträgliche Versicherung, ihm habe natürlich nur ersteres vorgeschwebt, auch dann nicht entschieden, wenn sie, wie zweifellos unterstellt werden darf, aufrichtig war.

So selbstverständlich das Eintreten für Rushdies Befreiung, so dringlich ist es, aus seinem Unglück eines zu lernen: Den Spott, den aufklärerische Durchdringung von Unbewiesenem, wie es Glaubenssätze nun einmal sind, unweigerlich mit sich führt, haben Moslems vornehmlich von Europa aus zu spüren bekommen – als einen Import wie all die andern Zwangsimporte, die der Westen bei ihnen einführte. Sie hatten nie die Gelegenheit, den befreienden Witz von Unterdrückten darin kennenzulernen, sondern erlebten ihn von vornherein als verschworen mit Kolonialismus und gnadenloser Modernisierung, als hämisch-frivole Zutat zum ökonomisch-politischen Sieg, den der Okzident über den islamischen Orient davontrug. Demokratie von Imperialismus zu unterscheiden fällt ihnen schwer, weil sie beide nie als wirklich unterschieden *erfahren* haben, und diese konkrete Erfahrung wiegt mindestens so schwer wie das abstrakte Wissen, daß beide nicht notwendig dasselbe bedeuten *müssen*. Das macht die Situation so kompliziert – und aus Rushdie nicht einfach einen Helden der Redefreiheit.

Kein Messen mit zweierlei Maß. Kritik, die sich gegen die Unbewiesenheit und Starrheit christlicher Glaubenssätze als richtig erwiesen hat, wird nicht falsch, wenn sie sich gegen islamische richtet. Aber Aufklärung, die mehr will als bloß recht haben, muß abschätzen lernen, wo ihr Spott den triumphierenden Ton anzunehmen beginnt, der eher Erniedrigte beleidigt als Anmaßungen demaskiert – und wo sie sich selbst preisgibt, wenn sie auf solche Feinheiten Rücksicht nähme. Das rechtfertigt die finsteren Seiten des Blasphemieparagraphen nicht, zeigt aber, wie wenig mit seiner Abschaffung gewonnen wäre: auch sein Einspruch gegen den zynischen Triumph der Sieger fiele dahin.

Martyrium

»Sie hat ein Martyrium durchgemacht«, sagt man von einer Person, die qualvoll hat leiden müssen. Das deutsche Wort Marter scheint den Sachverhalt anschaulich wiederzugeben. Dabei bedeutet das griechische *martys*, an das es sich anlehnt, zunächst ganz etwas anderes, nämlich *Zeuge*, der vor Gericht für die Wahrheit eines umstrittenen Sachverhalts eintritt, ihn bekräftigt, notfalls beschwört. Der Zeuge ist weder Angeklagter noch Kläger, aber indem er be- oder entlastet, ist er auch nicht einfach neutral. Und wenn das, wozu er aussagt, nicht bloß ein vereinzelter Tatbestand, Diebstahl, Raub, Mord, Ehebruch ist, sondern eine ganze Weltsicht, über die sich schlecht sprechen läßt, ohne sich dafür oder dagegen zu erklären, so kann der Zeuge im Handumdrehen selbst zum Angeklagten werden. Wer sich davor nicht scheut, sich durch keine Drohung und kein Leiden von der Weltsicht oder *Idee*, die ihm als Wahrheit feststeht, abbringen läßt und für sie mit Leib und Leben eintritt, der ist Zeuge im höchsten Sinn des Wortes: Märtyrer.

Es ist ein Ehrentitel. Auch wer die Überzeugung nicht teilt, für die sie litten, kann Märtyrern gewöhnlich den Respekt vor ihrem Mut und Einsatz nicht versagen. Und das strahlt auf den Inhalt ihrer Überzeugung aus. Kann es denn bloßer Humbug gewesen sein, wofür einer sich foltern oder töten ließ? Macht die Glaubwürdigkeit, mit der er sich für seine Sache hingab, nicht auch die Sache selbst glaubwürdig? Eine Idee wird dadurch, daß einer für sie starb, keine andere, und doch gewinnt sie eine andere Überzeugungskraft. Sie hat ein Zeugnis auf ihrer Seite, das mehr in die Waagschale warf und anders ergreift als bloß Argumente. Sie wird geheiligt durch ihren Märtyrer, er wird geheiligt durch sie. Nicht von ungefähr sind die christlichen Heiligenlegenden überwiegend Märtyrergeschichten.

Der Martyriumsgedanke arbeitet an einer ungeheuren Umwertung der Werte: Er deutet den Untergang des Individuums als den Aufgang seiner Sache, die offenkundige persönliche Niederlage als überpersönlichen Sieg. Auf klassische Weise hat Platon das am Prozeß des Sokrates vorgeführt. Angeklagt, die Götter Athens zu mißachten und seine Jugend zu verführen, kann Sokrates nicht anders als sich verteidigen; sich verteidigend kann er nicht anders als die Anklage Punkt für Punkt auszuhebeln; dabei kann er nicht anders als sich so zu verhalten wie immer, wenn er die angebliche Weisheit und Tugend seiner Mitbürger mit gezielten Fragen so auseinandernahm, daß sie nicht mehr ein noch aus wußten. Er sieht sich gezwungen, genau das Verfahren anzuwenden, das sie so gegen ihn aufgebracht und ihm die Anklage eingebracht hat; indem er sie aber vernichtend widerlegt, bestätigt er das Motiv seiner Ankläger, schürt ihre Wut und provoziert seine Vernichtung. So geht er *an* seiner Vernunft und *für* sie zugrunde. Aber indem er sich ihr als Individuum aufopfert, triumphiert sie aufs Glänzendste und er in ihr. Er wird unsterblich im Gedächtnis seiner Freunde und Schüler, und sie wird etabliert als das höhere Medium, dem sein Leben zu weihen nun Philosophie heißt.

Die abgründige Ironie und Heiterkeit in den Dialogen Platons steht dazu nicht im Widerspruch. Er hat den Prozeß des Sokrates als klassische Tragödie stilisiert, weil der Angeklagte keine andere Wahl als seine vernünftige Verteidigung hat und die ihm nichts anderes bringen kann als Verurteilung und Tod. Wie ein tragischer Held rennt er in sein Verderben – aber sehend, im vollen Bewußtsein seines Tuns. Sein Schicksal ist nicht jenes blinde Verhängnis, über das die Tragödie klagt, sondern die Vernunft. So erstrahlt es selbst als vernünftig, verliert den Stachel des Tragischen, bekommt *Sinn.* Als Martyrium ausgelegt, wird es zur »frohen Botschaft«.

Kein Zweifel, das Martyrium fungiert als Sinnstifter, und wo es in dieser Rolle die Aura fragloser Autorität um sich verbreitet, zeigt sich seine ganze Fragwürdigkeit. *Martyrein* heißt bezeugen und beschwören. Beschworen wird aber nicht nur, etwa vor Gericht, daß sich im Streitfall X dies oder das abgespielt habe; beschworen wird auch die Glaubwürdigkeit der Instanz, bei der man schwört. So sicher der Schwur nüchterner Tatsachenfeststellung dient, so gewiß ist er ein magischer Akt. Und von dieser Doppeldeutigkeit ist auch der Extremfall des Zeugen, der Märtyrer, nicht ganz frei. Indem er auf seine Idee schwört, *be*schwört er sie, sie möge auch wirklich so wahr und heilig sein, wie er sie hält. Darin kann sich reine Verzweiflung ausdrücken, aber auch etwas, worüber man bei einer so ernsten Sache eigentlich gar nicht so recht sprechen mag: Kalkül.

Nietzsche mit seiner überempfindlichen Spürnase für Tabuisiertes und Abwegiges hat es gerochen und auf seine überstürzte Weise ausgesprochen: »Das Martyrium des Philosophen«, behauptet er, »zwingt ans Licht heraus, was vom

Agitator und vom Schauspieler in ihm steckte«[1], und als Meistermärtyrer gilt ihm – Sokrates. Wer derart bewußt und selbstsicher in den Tod geht wie der, dabei alle Fäden der Argumentation und Handlung selbst in der Hand behält, das Vernunftexempel, das er statuiert, so weit treibt, daß er sich sogar weigert, das Gefängnis zu verlassen und die Athener *zwingt*, ihn hinzurichten, wohl voraussehend, welch tiefe Beschämung und Reue sein Tod bewirken wird: *erleidet* der sein Martyrium? Nein, er inszeniert es, sagt Nietzsche, und damit bekommt es – etwas Unseriöses. Dort, wo man das Wahrhaftigste und Reinste vermutet, was die von Lüge und Schmutz überquellende Menschengeschichte zu bieten hat, sind Hintergedanken im Spiel, werden Effekte kalkuliert, und zwar so gründlich, daß vor dem Einsatz des eigenen Lebens zur Erzielung der gewünschten Wirkung nicht zurückgeschreckt wird. Der eigene Tod als Mittel, die Wahrheit der eigenen Lehre zu suggerieren und allen Zweifel daran durch Ehrfurcht zu betäuben; die so inthronisierte Wahrheit wiederum als Mittel, die eigene Person unsterblich zu machen: das ist der metaphysische Kuhhandel, den Nietzsche bei Sokrates bis fast zur Perfektion gelingen sieht – das Erfolgsgeheimnis jeglicher Ideenvergötzung.

Nietzsches pauschaler Widerwille gegen Märtyrer hat damit zu tun, daß er sein eigenes Philosophieren (»jener lange langsame Schmerz, der sich Zeit nimmt, in dem wir gleichsam wie mit grünem Holze verbrannt werden«[2]) um keinen Preis als Martyrium wahrhaben durfte. Aber selbst seine gröbsten Ungerechtigkeiten gegen Sokrates haben

1 F. Nietzsche, Jenseits von Gut und Böse, § 25
2 F. Nietzsche, Die fröhliche Wissenschaft, Vorrede von 1886

noch etwas Hellsichtiges; ein gewisser Zug zu Selbststilisierung und -suggestion ist aus dessen Person nun einmal nicht ganz wegzuleugnen. Nur sind sie keine simple Schlitzohrigkeit. Sokrates befand sich vielmehr in dem unnachahmlichen Schwebezustand, worin Selbstinszenierung nichts fingiert, sondern herausstreicht, was *ist*: eine unerhörte Selbstsicherheit und Gelassenheit, die angesichts des Todes ihre ganze Stärke zeigt und die der fragile Nietzsche zutiefst beneidete.

Das Christentum hingegen hat in dem Maße, wie es seine Märtyrer für selig erklärte, auch eine Märtyrerseligkeit inspiriert, für die es hernach nicht verantwortlich sein wollte. »Laßt mich eine Speise der wilden Tiere werden; durch sie ist es mir möglich, zu Gott zu kommen«, schreibt Ignatius von Antiochien in seinem Brief an die Römer; »ich bete, daß sie sich scharf gegen mich zeigen; locken will ich sie, daß sie mich sogleich aufzehren«, und »wenn sie wider meinen Willen nicht wollen, werde ich sie mit Gewalt dazu zwingen.«[1] Das war der Kirche bald zu viel des Guten; es aufs Martyrium anlegen hieß Gott versuchen. Dabei war das nur konsequent, wenn denn wirklich galt, was das Neue Testament verhieß: »Wer sein Leben um meinetwillen verliert, der wird es gewinnen« (Matth 16,25). Wer, auf diesen Gewinn spekulierend, das Martyrium aktiv provozierte, statt demütig zu warten, ob es sich ereignete oder es bleiben ließ, legte doch eigentlich nur ehrlich den Handel bloß, der im christlichen Märtyrergedanken insgeheim immer mitgedacht wird: Man tauscht das irdische Leben fürs himmlische.

1 Zit. n. A. Heilmann, Texte der Kirchenväter, Bd. 4, München 1964, S. 67 f.

In der christlichen Deutung des Martyriums als eines metaphysischen Triumphs steckt die Vorstellung eines unendlich lohnenden Tauschs. Wer das nach irdischen Kriterien Kostbarste gibt, bekommt dafür etwas ungleich Kostbareres. So wenig uns Heutigen ansteht, den Mut und die Standhaftigkeit der Märtyrer zu schmälern, so wenig ist der »Anreiz« zu vergessen, der ihnen den Charakter stärken half – und der deshalb so leicht in unverblümtes Kalkül umschlagen konnte, weil er selbst schon etwas Berechnendes hatte. Neben die masochistische Variante, sich durchs Martyrium todsicher in die Seligkeit einzukaufen, trat später die sadistische kirchenpolitische. Mit dem Hinweis auf den köstlich-himmlischen Lohn des Martyriums wurden im Mittelalter ganze Kreuzfahrerheere zusammengeworben, im dreißigjährigen Krieg Truppen gegen den Konfessionsfeind damit zwangsrekrutiert, und bis heute hält er dazu her, Kriegsparteien aufeinanderzuhetzen. Vom persönlichen Respekt, den ein Märtyrer erheischt, ist es nur ein winziger Schritt zum allgemeinen Lob des Martyriums. Dessen Klartext aber heißt Einverständnis mit den Opfern, die die Durchsetzung einer Heilsbotschaft nun einmal kostet. Sie werden um so leichter in Kauf genommen, je sicherer es scheint, daß diese Botschaft am Ende siegen werde.

Triumph kann das Martyrium nur auf den Kredit eines solchen Endsiegs sein. Sehr fraglich daher, ob der, dessen letzten Aufschrei am Kreuz der Evangelist mit »Mein Gott, warum hast du mich verlassen« (Matth 27,46) wiedergibt, ein Märtyrer war wie die, die später in seinem Namen starben. Auch Jesus kam zwar um für seine Sache, aber möglicherweise so, daß er seinen Untergang auch als den ihren erfuhr, seinen Glauben als unbestätigt, gescheitert – als Irrglauben. Denn was er durch seine Symbolhandlungen und Gleichnisse hatte verkörpern und herbeidrängen wollen, war das Reich Gottes als das rettende Ende der Geschichte; was kam, war die Kirche, die sein Scheitern als Sieg verkündete und den Glauben an seine triumphal-rettende Wiederkehr am Ende der Geschichte verbreitete. Die *imitatio Christi*, der die christlichen Märtyrer sich ergeben glaubten, hat mit dem historischen Jesus vielleicht nicht mehr zu tun als die historische Kirche mit dem von ihm erwarteten Reich Gottes.

Wo jemand den Tod für seine Überzeugung leidet, ohne die mindeste Sicherheit, daß seine Überzeugung ihn überlebt und erhöht, da erst hört jeder Anreiz, jedes Kalkül, jede Selbstinszenierung auf; da erst wird es mit dem Martyrium ganz ernst – so ernst, daß sich selbst noch sein Lob verbietet. Vor jemand, der sein Leben für seine Überzeugung wagt, selbst auf die Gefahr hin, daß sie durch seinen Tod sinnlos wird, ungehört verhallt oder erfolglos bleibt, daß sein Wagnis also vollkommen umsonst war, kann man nur verstummen wie vor etwas, was einem heilig ist. Kein Vergleich, kein Abwägen von Vor- und Nachteilen, keine Rechtfertigung des Inhalts der Überzeugung ist hier am Platze. Und schon gar nicht die Empfehlung zur Nachahmung. Wenn Jean Meslier, ein kleiner Dorfgeistlicher der Erzdiözese Reims zur Zeit Ludwigs XIV., sein Leben lang korrekt den Pfarrdienst versah und nur seinem mehr als tausend Seiten starken Testament anvertraute, was er wirklich dachte, nämlich daß »was in der Welt als Gottesdienst und Andacht feilgeboten und praktiziert wird, nichts als Irrtum,

Täuschung, Einbildung und Betrug«[1] sei, so ist nicht *er* der Heimlichtuerei und des Doppellebens anzuklagen, sondern die christliche Gesellschaft, die ihn dazu zwang. Daß er für seine Überzeugung, es gebe nichts als Materie, weder einen Gott noch ein Leben nach dem Tode, nicht gesonnen war, den Weg auf den Scheiterhaufen anzutreten und es vorzog, das einzige Leben, an das er glaubte, so angenehm und friedlich wie möglich zu enden und erst seine Nachwelt mit seinen Gedanken darüber bekannt zu machen, ist ebenso zu respektieren wie die äußere oder innere Emigration derer, die dem Faschismus oder Stalinismus nicht zum Opfer fallen wollten – wenn die »innere« denn wirklich eine war und nicht nur ein anderes Wort für Anpassung.

So unrecht es ist, von irgendjemand ein Martyrium zu verlangen, so recht hat die Einsicht, daß wenn niemand mehr für seine Überzeugung Nachteile, Leiden oder im äußersten Fall sein Leben zu wagen bereit ist, der Opportunismus gesiegt hat. Ob das Martyrium etwas nützt, steht dahin; daß es schadet, wo es zum Kult wird, steht fest; aber wo es einfach aufhört, ohne daß die Welt so gut geworden wäre, daß es sich erübrigt, ist ein Zustand erreicht, in dem niemand mehr irgendjemandem über den Weg trauen könnte. Freilich, in dem Maße, wie die Unstetheit und auflösende Kraft des modernen Gesellschaftsprozesses allen höheren Ideen die Sicherheit geraubt hat, in der sich ihre Anhänger jahrhundertelang wiegten, geht auch der »Anreiz«, sich für sie zu opfern, verloren. Die Gewißheit, von einer religiösen oder politischen Bewegung getragen zu sein, die die eigene Existenz überdauert und die Ideen, die

1 G. Mensching (Hg.), Das Testament des Abbé Meslier, a.a.O., S. 85

man selbst hat, weitertreibt, kann Individuen dazu bringen, in Mut und Tapferkeit über sich hinauszuwachsen und andere dazu zu stimulieren. Aber durch ein Martyrium sind solche Bewegungen nicht mehr zusammenzuhalten, und das ist gut so; wo sie allein ihm sich verdanken, sind sie heute gewöhnlich Brutstätten finstersten Aberglaubens. Vorbei die Zeiten, wo man vom Martyrium noch Weltbewegendes erhoffen konnte. Schnellebig ist die Moderne auch darin, daß sie der Bildung einer Tradition und Kultur um jemanden, der mit Leib und Leben für seine Sache zeugte, gar keine Zeit mehr läßt.

Um so schwerer wiegen die viel zu wenig Bekannten, leicht Vergeßbaren und Anonymen, die auch in diesem Jahrhundert bis heute »Zeugnis« ablegten: bisweilen gar nicht einmal mehr für eine bestimmte Idee, sondern einfach nur gegen empörende Ereignisse und Verhältnisse. Wirkliche Empörung kalkuliert nicht, und wen sie befähigt, sich gegen eine ihn umgebende Gewaltherrschaft zu sträuben, der hat zwar nur das Notwendigste getan, aber doch mehr, als man je von ihm verlangen könnte. Die gar nicht so wenigen zum Beispiel, die aus faschistischen Gefängnissen nach 1945 bald in stalinistische wanderten, im Ost-Sozialismus als verfolgte Oppositionelle überlebten und heute als ignorierte, weil ihr Widerstand nicht der war, den dic Sieger von 1989 meinten, gehören zum Hoffnungsvollsten, was unsere perspektivarme Gegenwart zu bieten hat.

Gebet

Als kürzlich der australische Buschbrand, angetrieben durch ungünstige Winde und durch keine Löschkunst mehr aufzuhalten, sich auf Sydney zubewegte, gestand einer vom Einsatzkommando: »Jetzt können wir nur noch beten.« Wie er's sonst mit dem Gebet halte, sagte der Mann nicht, aber in seiner Lage hätte auch einem gestandenen Atheisten ein »Mein Gott, bloß das nicht« über die Lippen kommen können. Wo alle technischen Mittel versagen und man die Katastrophe wehrlos auf sich zukommen sieht, da stellt sich unversehens etwas von jenen archaischen Situationen her, aus denen, vor Jahrtausenden, das Gebet anfänglich aufgestiegen sein mag. Schrecken und Hilflosigkeit sind seine Eltern, der Stoßseufzer ist seine Embryonalform, und wo es zu deutlicher sprachlicher Artikulation gelangt, da wirkt es als Zauberspruch, der um Erhörung fleht. Das Gebet unterstellt, daß es in der Natur Kräfte gibt, die mit sich reden lassen, menschliche Sprache verstehen und auf die darin ausgedrückten Wünsche eingehen können. Es versucht, sich mit diesen Kräften ins Benehmen zu setzen – und hat insofern einst selbst zu den ersten, ungelenken Anstrengungen menschlicher Naturbeherrschung gehört.

Solange man noch nicht wußte, wie man sich vor Gewitter, Hitze und Kälte schützt, wie man Wasser gewinnt und Trockenheit vermeidet, dem Löwen entrinnt und den Bären fängt, giftige von genießbaren Früchten unterscheidet und letztere kultiviert, solange war das Gebet ein ebenso selbstverständlicher Faktor bei der Lebensmittelbeschaffung wie Jagen und Sammeln, Säen und Ernten – und unausgemacht, ob die praktischen Maßnahmen zur Selbsterhaltung wegen des sie begleitenden Gebets erfolgreich waren oder das Gebet ihretwegen. Jedenfalls ist seine Anfangsphase ein Zustand der Ungeschiedenheit, wo Denken und Handeln, Einbildung und Realität, Subjekt und Objekt noch nicht klar auseinandergetreten sind und daher herrscht, was Freud die »Allmacht der Gedanken« genannt hat, obwohl es sich eigentlich um ihre Ohnmacht handelt; ist es doch die Unfähigkeit zur Selbsteinschätzung, die Unkenntnis der eigenen Reichweite und Wirkungsmöglichkeiten, die in diesem Stadium die Gedanken in ihren Wünschen so maßlos verfahren läßt, als könnten sie über alles gebieten.

Denken, Wünschen, Beten waren anfangs eins, die Trennung der Welt in eine profane und eine sakrale Sphäre unbekannt. Beide treten in dem Maße auseinander, wie das Denken eine von ihm selbst unterschiedene äußere Natur einzuschätzen und zu handhaben lernt und damit mehr wird als bloßes Wünschen: ein Arsenal fester Bezeichnungen und Benennungen, die jederzeit verfügbar *sind* und Dinge verfügbar *machen*. Die sichere Verfügung über Dinge entspricht dem eigenen Wünschen gerade deshalb, weil sie mehr ist als bloßes Wünschen: eines, das sich an Widerständen, Gegenständen bewährt hat. Wo solche Bewährung stattfindet, wo sich dank menschlicher Geschicklichkeit ein Kreis gefügiger Natur von ungefügiger abzuheben beginnt, bilden sich die Konturen dessen, was man später als die profane Sphäre von der sakralen unterscheidet. Die profane wächst von nun an proportional zum Wachstum der materiellen und geistigen Produktivkräfte. Entsprechend verliert das Gebet seine Allgegenwart. Wo es im Verein mit Opfer- und Symbolhandlungen, feierlichen Riten und Tänzen auftritt, hat es bereits seinen eigenen Bezirk. Es ist auf die Sakralsphäre eingeschränkt: nicht mehr Denken und Wünschen überhaupt, sondern nur noch eine Form davon.

Allerdings eine ausgezeichnete Form. Gebet als Zeremonie, als Ritual war Sache der Schamanen, Priester, Häuptlinge, Könige – ein hohes Privileg also. Das Wissen der Gebetsformeln war Herrschaftswissen: nicht nur die eingebildete Macht, Gottheiten zu beschwören und dem Kollektiv geneigt zu machen, sondern auch die reale, Menschen zu verfluchen, zu richten, zu vernichten. Und bei alledem war das Gebetswissen nicht nur blauer Dunst, den Machtwille um sich verbreitete, sondern auch Vorform von Wissenschaft; das Kennenlernen von Zeugungs- und Wachstumskräften, von Sternkonstellationen oder Regelmäßigkeiten im Jahresablauf ist untrennbar von der Aufmerksamkeit, die die Ehrfurcht des Gebets ihnen zuwandte und ihnen dabei Gesetzmäßigkeiten abmerkte, die dem menschlichen Dasein Halt und Orientierung gaben.

Wissen ist Macht. Diese Ahnung hat, längst ehe sie bei Bacon zur Formulierung und in der Arbeiterbewegung zur Parole wurde, schon das Gebet umgetrieben. Das Schicksal des Gebetswissens war freilich, daß es in dem Maße, wie es sich als nachprüfbares Erfahrungswissen bewährte, profan wurde – sich vom Gebet emanzipierte. Und was blieb von diesem selbst? Die Erfahrung, daß all das Wissen, das aus ihm hervorging, nicht ausreicht, um seinen Urwunsch, den es schon als Stoßseufzer hatte, zu erfüllen: die Fremdheit und Schrecklichkeit der Natur aufzuheben. So nimmt sich das Gebet wie ein Rückstand der Urzeit in der Gegenwart aus; es hört nicht auf, der Verlorenheit des Menschenlebens in der Natur zu gedenken und an deren Menschenähnlichkeit zu appellieren.

Dieser Appell hat sich im Laufe seiner langen Geschichte zu einer eigenen Bilderwelt ausgefaltet: der Vorstellung höherer, aber menschenähnlicher Wesen, die das menschliche Dasein schützen und retten, wenn es sich ihrem Willen gemäß verhält. Das Gebet ist der Versuch, in diesen Willen zu dringen: ihn ebenso zu ergründen wie zu beeinflussen, sich ihm anzumessen wie ihn sich. Es gibt kein Gebet, das nicht erhört sein will. Noch das unschuldige »Unser täglich Brot gib uns heute« sucht sich Gott willfährig zu machen und setzt insgeheim dessen Bestechlichkeit voraus.

Nur daß Bestechlichkeit zunächst einmal gar nichts Ehrenrühriges war, sondern etwas, was noch Benjamin an den Kafkaschen Gerichtsbeamten auffiel: »daß ihre Bestechlichkeit die einzige Hoffnung ist, die die Menschlichkeit in ihrem Angesicht hegen kann«[1]. Das Mit-sich-reden-Lassen, das Sich-erweichen-Lassen durch menschliches Flehen machte ja überhaupt die Menschenähnlichkeit und damit die Gottheit der Götter aus. Nur in dem Maßc, wie sie wankelmütig und korrumpierbar waren, waren sie überhaupt zugänglich – existent. Erst als die vagen Vorstellungen, die man von ihnen hatte, sich zu festen Charakteren konkretisierten, die man in gewissen Regel- und Gesetzmäßigkeiten

1 W. Benjamin, Franz Kafka. Zur zehnten Wiederkehr seines Todestages, Gesammelte Schriften (ed. Tiedemann/Schweppenhäuser), Bd. II, 2, Frankfurt am Main 1977, S. 412

der Natur erscheinen sah, als den Göttern die Rolle einer unbedingt gerechten Gerichtsbarkeit zufiel, als Verläßlichkeit, Unbestechlichkeit, Konstanz zu Insignien ihrer Glaubwürdigkeit wurden und Wankelmut zu deren Bedrohung, da erst bekam das Erweichenwollen Gottes die moralische Anrüchigkeit, über die noch Kant so die Nase gerümpft hat: »Das Beten, als ein innerer förmlicher Gottesdienst und darum als Gnadenmittel gedacht, ist ein abergläubischer Wahn (ein Fetischmachen); denn es ist ein bloß erklärtes Wünschen, gegen ein Wesen, das keiner Erklärung der inneren Gesinnung des Wünschenden bedarf, wodurch also nichts getan, [...] mithin Gott wirklich nicht gedient wird.«[1]

Schon das frühe Christentum hatte daran laboriert. Wenn Gott denn alles das war, was man von ihm zu wissen glaubte, nämlich ewig, allmächtig, gerecht, gnädig und um die Rettung jedes einzelnen besorgt, so war es nicht nur vollkommen überflüssig, mit Privatwünschen bei ihm vorstellig zu werden, sondern der vorwitzige Versuch, in seine Weltregierung zu pfuschen. Daß der Kirchenvater Augustin seine berühmten *Bekenntnisse*, die seinen verschlungenen Lebensweg auf den Pfaden des Lasters und Irrtums bis zur rettenden Bekehrung schildern, ausgerechnet an den allwissenden Gott richtete, den einzigen, dem er sie nicht hätte erzählen müssen, mutet absurd an und geschah doch mit Bedacht. Er sah nicht, wie er von besagtem Vorwitz loskommen sollte, wenn er das Gebet nicht aus einem Bittgesuch in einen Rechenschaftsbericht und den traditionellen göttlichen Adressaten von Sonderwünschen nicht in einen

1 I. Kant, Die Religion innerhalb der Grenzen der bloßen Vernunft, Werke (ed. Weischedel), Bd. VIII, Frankfurt am Main, o. J., S. 870

Spiegel der Selbstbesinnung verwandelte, der ihm die Erlebnisse seiner Jugend in ihrer wahren Bedeutung zeigte.

So entstand die erste literarisch durchkomponierte Autobiographie. Sie hat Gebetsform, aber das Gebet ist darin längst nicht mehr schlichte, ungeschützte Bitte, sondern geht große, kunstvolle Umwege der Reflexion, macht glauben, daß der Mensch vernünftigerweise gar nichts anderes wollen könne als Gott ihm zumißt, daß das wahre Gebet das des Dankes sei – und läßt vergessen, daß jeder ehrlich gemeinte Dank einer für die Erfüllung eines Wunsches ist, auch wo sich mehr erfüllt als je gewünscht wurde. Das zur reflektierenden Erzählung und zum Dank geläuterte Gebet bleibt, in all seiner Subtilität, gleichwohl Echo jenes vitalen Flehens und Wünschens, als das es sich nicht wahrhaben darf. Um vor sich bestehen zu können, verleugnet es seine Herkunft.

Sein Grundsatz scheint im Vaterunser zu stehen: »Dein Wille geschehe.« Diese lakonische Bitte könnte einzig als pure Schicksalsergebenheit gedeutet werden – machte es nur irgend Sinn, für etwas, was eh' vorgesehen ist, eigens zu beten, und ginge der genannten Bitte nicht eine andere voraus: »Dein Reich komme.« So jedoch kann auch dies gemeint sein: »Dein Reich komme, (damit endlich) dein Wille geschehe.« Will sagen: Solange dies »Reich«, die Erlösung von allem Leiden, nicht da ist, geschah er überhaupt noch nicht. Diese kühne Lesart hat ebenso kühne Vorbilder: Abraham, der Gott anfleht, von der Vernichtung Sodoms Abstand zu nehmen: »Das kannst du doch nicht tun, die Gerechten zusammen mit den Ruchlosen umbringen« (Gen 18,25); Mose, der ihn beschwört: »Laß ab von deinem glühenden Zorn, und laß dich das Böse gereuen, das du deinem Volk antun wolltest«, dem »du mit einem Eid bei deinem eigenen Namen zugesichert und gesagt hast: Ich will eure Nachkommen zahlreich machen wie die Sterne« (Ex 32,12 f.). Auch hier wird gefleht und beschworen, aber mit einer unerhörten Nuance: nicht, um Gott zur Erfüllung eines Sonderwunsches herumzukriegen, sondern um ihn zu sich zu bringen. Solange er so außer sich ist, wie er sich zeigt, ist er nicht Gott – *ist* er nicht.

Schon im Alten Testament streift diese Denkfigur den Atheismus, aber einen, der dem Flehen und Wünschen, das von altersher im Gebet steckt, gleichsam sein Naturrecht zurückgibt. Solange »die Kreatur seufzt« (Röm 8,22), hört das Gebet nicht auf. Seinen Grundtext hat niemand präziser formuliert als Nietzsche: »Weh spricht: Vergeh'! Doch alle Lust will Ewigkeit«[1]. So sehnlich dieser Text seine Erfüllung verlangt, so sehr haben all die höheren Mächte, die er dazu ausersah, ihn entstellt. Das Gebet steht, sobald es sich an eine solche Macht richtet, unter einem Fluch: diskreditiert entweder *sie* als bestechlich, wankelmütig oder sonstwie aus der Rolle gefallen oder diskreditiert *sich* als Bestechungsversuch. Ist aber fraglicher denn je, ob es für den Grundtext des Gebets die ihm angemessenen göttlichen Ohren gibt, so ist um so wichtiger, daß menschliche Ohren sich für ihn schärfen und nicht ablassen, ihn aus all den durchtriebenen, verhärteten, zwanghaften, autosuggestiven und massenpsychotischen Formen, die das Gebet unter seinem Fluch im Laufe seiner Geschichte angenommen hat, herauszuhören. Das Gebet selbst verlangt, daß sein Fluch abge-

1 F. Nietzsche, Also sprach Zarathustra, IV, Das trunkene Lied, § 12

schüttelt und sein tausendfach überkritzelter Grundtext herausgearbeitet werde. Und wenn der auch nur durch einen Gott vollkommen erfüllbar wäre, so behält er doch als kategorischer Imperativ, die Realität so weit wie irgend möglich ihm gemäß einzurichten, seinen guten menschlichen Sinn.

Charisma

Es gibt kaum einen modernen Regierungschef, dem die Opposition nicht beim ersten Krach im Kabinett Führungsschwäche vorwirft. Merkwürdig: Demokratie soll jene Staatsform sein, in der das Volk herrscht und die Regierenden seinen Willen ausführen, aber der oberste Ausführende soll ein echter »Führer« sein – als ob man mit dieser Spezies nicht genug haarsträubende Erfahrungen gemacht hätte. Die Klage über Führungsschwäche ist der Ruf nach dem starken Mann und die nicht enden wollende Sehnsucht nach einem solchen die Kehrseite eines Volkswillens, der weit davon entfernt ist, sich so klar, konzentriert, sachverständig zu artikulieren, daß er die Regierenden wirklich zu seinen Repräsentanten und Ausführungsorganen machte, als die sie sich in Wahlkampfzeiten so gern präsentieren.

Je schwächer und undeutlicher der Volkswille, desto plausibler die Vorstellung vom Steuermann, der den richtigen Kurs weiß und die Kompetenz und Kraft hat, ihn zu steuern. Furchtbar die Vorstellung, das Schiff schaukele richtungslos umher, die Besatzung versuche nichts als über die nächste Welle zu kommen. Daher muß jeder, der an die Macht will, ein wenig wie ein solcher Steuermann erscheinen. Die Abgabe des Stimmzettels ist denn ja auch viel weniger ein Abordnen als ein Sich-Anvertrauen. Einerseits ist das ein Unterwerfungsakt, weshalb es für Wahlkämpfer so sehr darauf ankommt, sich das geeignete väterliche, mütterliche oder ungestüm-heldenhafte Image zu geben.

Andrerseits ist es ein Protestakt gegen das Labyrinth von Sachzwängen und Bürokratie, in dem Politik sich zunehmend verliert. Der Regierungschef als ausführender Beamte ist nur ein Rädchen mehr in diesem Getriebe, als Führer hingegen wäre er die menschliche Kraft, die es lenkt, an die Stelle administrativer und technischer Abläufe persönliche Verhältnisse setzt, den ihm Anvertrauten, statt sie bloß zu verwalten, ein Ziel zeigt und die Kräfte weckt, es zu erreichen.

Dazu muß er jenes von Max Weber bemerkte gewisse Etwas haben, das schon die Spezialität »des Magiers und Propheten« wie »des gekorenen Kriegsfürsten, Bandenführers, Kondottiere« war und »in der Gestalt zuerst des freien ›Demagogen‹« »und dann des parlamentarischen ›Parteiführers‹« bis in die Neuzeit und Gegenwart fortlebt: Charisma. Als Charismatiker gilt »der innerlich ›berufene‹ Leiter der Menschen«, dem sie sich »nicht kraft Sitte oder Satzung fügen, sondern weil sie an ihn glauben«[1]. In dem Maße, wie die moderne Demokratie auf verwaltete Welt hinausläuft, hält sie den Wunsch nach charismatischen Führern wach, die ihrer toten Apparatur lebendigen Geist einhauchen oder sie einfach wegfegen und durch einen neuen Bund menschlicher Nähe und Unmittelbarkeit ersetzen sollen.

Daß das Charisma moderner Führer sich selber nur noch über gigantische Medienspektakel mitzuteilen und einzuprägen vermag, also selbst am Tropf der geschmähten kulturindustriellen Apparatur hängt, an- und abschaltbar wie

1 M. Weber, Politik als Beruf, in: ders., Gesammelte Politische Schriften, Tübingen, 5. A. 1988, S. 508

ein Spielfilm oder Werbespot, wird dabei ebenso leicht vergessen wie die Herkunft des Charismabegriffs aus dem Neuen Testament, wo er auf politisch-religiöses Führertum anfangs keineswegs eindeutig festgelegt war. Der Apostel Paulus stellte sich die göttliche Gnade (Charis) zwar als übersinnliche Macht vor, aber als eine, die sich sinnlich-physisch realisieren sollte: in Gnaden*gaben* (Charismen). Darunter fällt das ekstatische Stammeln, das bei den ersten Christen offenbar umging und noch als »Rede in fremden Zungen« in die Pfingstgeschichte eingegangen ist, wie die Gabe, solches Stammeln in verständliche Sprache zu übersetzen, die Gabe der prophetischen Rede, der Glaubenskraft, der Krankenheilung und, als ganz besonderes Gnadengeschenk, die Liebe, ohne die alle »Menschen- und Engelszungen« »ein tönend Erz und eine klingende Schelle« (1 Kor 13) wären. Der Katalog ist nicht vollständig, mutet teilweise an, als skizziere er die kirchliche Hierarchie, die man später aus ihm gelesen hat, wenn er Apostel, Propheten, Lehrer, Wundertäter, Krankenheiler und Zungenredner nacheinander aufführt (1 Kor 12,28), schlägt dann aber auch wieder ganz andere Töne an: Als Mitglied seiner Gemeinde sei jeder Christ etwas Besonderes, nämlich »ein Glied« am »Leibe Christi«, ein unverzichtbares Organ in einem sozialen Organismus, dessen Christlichkeit darin bestehe, die herrschenden Weltwerte auf den Kopf zu stellen: »Denen, die wir für weniger edel ansehen, erweisen wir um so mehr Ehre«, weil Gott »dem geringsten Glied mehr Ehre zukommen ließ« (1 Kor 12,23 f.).

Der Organismus als Bild für eine menschliche Gemeinschaft gehört zum festen Repertoire der Demagogie. Wie der Magen von der Arbeit der übrigen Organe ernährt werden müsse, wenn der menschliche Körper lebensfähig sein wolle, so im sozialen Körper das Patriziat von der Arbeit der Plebejer, erklärte der listige Staatsmann Menenius Agrippa im alten Rom den meuternden Plebejern und soll sie, laut Livius, mit diesem glänzenden Einfall umgestimmt haben. Er wob das einfache Grundmuster einer Ideologie, die bis heute ihre Wirkung nicht verfehlt, weil sie ein fatales Faktum auf ihrer Seite hat: Die Menschen sind gesellschaftliche Wesen; daher hört selbst im Gewaltstaat ihre wechselseitige Abhängigkeit nicht auf. Die Herren leben ebenso von der Arbeit der Sklaven wie die Sklaven von den Brosamen, die von der Herren Tische fallen. Keine Sozialordnung ist so mies, daß Demagogen in Gärungszeiten nicht die Verwiesenheit aller aufeinander, das Boot, in dem alle gemeinsam sitzen, die Volksgemeinschaft oder die Verantwortung aller zu beschwören wissen. Und es stimmt ja: Keine Gesellschaft funktioniert ohne Kooperation – und sei sie noch so sehr erzwungen. Nur daß Zwangskooperation die Karikatur ihrer selbst ist; erst das freie Ineinandergreifen selbstbestimmter Tätigkeiten wäre *Zusammen*arbeit im Vollsinn des Wortes. Kooperation verlangt nach sozialer Harmonie. So tun, als sei die schon gestiftet, wenn nur alle einvernehmlich die bestehende Zwangskooperation fortsetzen: das ist der demagogische Trick, der die Ideologie vom sozialen Organismus zum Dauerbrenner macht.

Keine Ideologie ist allerdings ohne ein Körnchen Wahrheit. Kann man harmonisches Zusammenstimmen vieler verschiedener Teile zu einem Ganzen besser veranschaulichen als durchs Bild eines gesunden Organismus? Solange dies Bild nicht Verhältnissen untergeschoben wird, die seiner spotten, ist daran nichts Ehrenrühriges. Bei Paulus freilich wechselt es chamäleonhaft die Farbe: bisweilen wird es der bestehenden Realität unterstellt, ihr dann wieder als ein ins Übernatürliche, nur von Gott zu vollendendes Ideal entgegengehalten. Als Faktum genommen, ist »Leib Christi« die real existierende Urkirche, ein menschlich-allzumenschlicher Verband kleiner Gemeinden mit all den Reibereien, die überall auftreten, wo ein loser Haufen sich zu einer Institution strafft, und in den aufgezählten Charismen des Apostolats, der prophetischen Rede, Lehre etc. zeichnet sich die Ämterhierarchie ab, die dem Verband alsbald Struktur und Haltbarkeit geben sollte. Sofern dieser »Leib« aber für die Umwertung der geltenden Weltwerte steht, in deren Verlauf »das, was in der Welt schwach ist, das Starke zuschanden machen« (1 Kor 1,27) soll, bedeutet Mission oder Verkirchlichung der Welt ihre Verwandlung in einen sozialen Organismus, der diesen Namen rückhaltlos verdiente, mit einem Wort: die Weltrevolution. Die persönliche, individuelle Begabung, die ein jeder von Haus aus mitbringt, wird zum Charisma, sobald sie in diesen Prozeß eintritt. Niemand ist so unbedeutend, ungeschickt, beeinträchtigt, daß er dazu nichts beizutragen hätte.

Das klingt in modernen Ohren wie aus dem Propagandalehrbuch für den Aufbau des Sozialismus: die Massen auf ein übergroßes Ziel einschwören und unter dem Vorwand, es komme auf jeden einzelnen an, ihre Arbeitskraft und Begeisterung rücksichtslos verschleißen. Nur daß solche Propaganda mehr Wahres sagt, als einem lieb sein kann: Beim Kampf gegen Verhältnisse, in denen es auf den einzelnen nicht ankommt, kommt es tatsächlich auf jeden einzelnen an. Und auch dies gilt: Unter den Bedingungen epochaler Umwälzung, des Aufbaus einer neuen Welt können Begabungen und Kräfte frei werden, die im Koordinatensystem der alten keinen Ort hatten, u-topisch im wörtlichen Sinn waren, weil durch keine Inspiration zum Leben erweckt: Fähigkeiten, die sich auf Beruf, Karriere, Reputation nicht verrechnen lassen und gleichwohl unerläßliche Fermente eines humanen Umgangs wären.

Begabungen sind nicht nur eine Sache der physischen und sozialen Mitgift, sondern auch des Ziels, das ihnen vorschwebt. Wie unter Bedingungen kollektiver Perspektivlosigkeit massenhaft Begabungen verkommen, dafür ist der deutsche Hauptschulalltag nicht das schlechteste Beispiel. Die »große Weigerung«, einst eine Parole kritischer Intellektueller, wird dort reflexhaft-(selbst)zerstörerisch von Millionen Kindern und Jugendlichen praktiziert, die sich um Politik und Intellektualität nicht scheren. Hätten diese mit Narkotika aller Art vollgepumpten, aber innerlich leeren Kids ein echtes Ziel – es wirkte auf sie zweifellos als ein inspirierender, unvorhersehbare Fähigkeiten entfesselnder Schub. Um so größere Skepsis ist gegen alle geboten, die das Fehlen eines solchen als Marktlücke auffassen. Solange sie höhere Ziele ausbieten wie Waschmittel, sind sie allemal Rattenfänger und setzen unter dem Vorwand, wachzurütteln, die Narkotisierung fort.

Schon bei Paulus schwebte das Charisma zwischen narkotisierend und aufrüttelnd. Die Entfesselung schier unerschöpflicher Energien, die ihn zur nahezu übermenschlichen Leistung seiner Missionsreisen im östlichen Mittelmeerraum trieb, dankte sich der fixen Idee, die Endzeit sei angebrochen und werde mit der kurz bevorstehenden Wiederkunft Christi zu ihrer übernatürlichen Vollendung gelangen. Daß alle Charismen dem »Aufbau der Gemeinde« (1 Kor 14) dienen sollen, kann unter solchen Bedingungen immer zweierlei heißen: ebenso Institutionalisierung der Kirche wie Umkrempelung der herrschenden Verhältnisse, seelische Erbauung der Kultgemeinde wie revolutionäres Handeln, und je nach Couleur pflegen die Prediger das eine wie das andere aus ihrem Kronzeugen herauszulesen. Er gibt beides her.

Charisma kann ein von oben gegebenes Amt bedeuten, wie das des Apostels, der sich von Gott persönlich eingesetzt glaubt, Befehlsgewalt über seine Gemeinden beansprucht und sich jeder Kontrolle entzieht, weil sich über göttlichen Geist nicht abstimmen läßt. Charisma kann aber auch die Energie bedeuten, die von der Perspektive einer besseren Welt freigesetzt wird, und dies »Charisma von unten« kann jeder entfalten. Dazu bedarf es keiner höheren Legitimation, nur der Gewißheit, daß die bestehende Misere der Menschheit ihrer materiellen und geistigen Errungenschaften, ihrer technischen und kulturellen Möglichkeiten spottet. Nur wenn es der Gedanke und das Gefühl dieses Mißverhältnisses sind, die sich in seelische Spannung umsetzen, ist Charisma Schubkraft der Humanität und seine Inspiration Geist, nicht blauer Dunst. Wenn Charismatiker heute noch ihre Eingebungen auf göttliche Mächte zurückführen, sind sie ebenso der Demagogie verdächtig wie wenn sie einer perspektivlosen Gesellschaft eine Perspektive einreden, sie auf Ziele trimmen wollen, die sie nicht hat. Dadurch wird freilich nicht unrichtig, daß Ziellosigkeit und Verfall im Kleinen wie im Großen aufs Engste zusammengehören. Ohne charismatischen Funken gibt es gegen diese Tendenz keine Gegenkräfte. Wo jegliches Charisma schwindet, ist die Perspektivlosigkeit besiegelt und aller Tage Abend.

Tabu

Echte Tabus gibt es nicht mehr. Was wir heute so nennen, ist nicht mehr das, was das polynesische Wort »tabu« einst meinte: das »Aus-Gezeichnete«, Besondere, das an bestimmten Personen, Dingen, Handlungen, Zuständen haftet, etwa am Trancezustand oder an der Speise des Schamanen, an der menstruierenden Frau, an Ort, Zubehör und Verlauf der Opferdarbringung, an der Sitte, sich mit den eigenen Kindern, Eltern, Geschwistern zu paaren etc. Tabus sind die bloßliegenden Nervenpunkte eines Kollektivs, die man nicht antasten kann, ohne die Gesamtordnung, der es sich zugehörig fühlt, aus dem Lot zu bringen. Wer das tut, wird selbst »tabu«; er muß abgesondert (in der Regel ausgestoßen oder getötet) werden, damit sich besagte Ordnung wiederherstellt.

Zum echten Tabu gehört, daß es sich von selbst versteht. Nie ist es verabredet, begründet, gelehrt oder gar aufgeschrieben worden, und doch hat ein langer gemeinsamer Erfahrungsprozeß es einem Kollektiv so weit in Fleisch und Blut übergehen lassen, daß es gegen die, die es antasten, wie ein bedingter Reflex ausschlägt. Das »Rühr mich nicht an« des Tabu ist der erste kategorische Imperativ der Menschheit.

Es ist, als hätten die von Tabus beherrschten Primitiven schon Nietzsches »Was sich erst beweisen lassen muß, ist wenig wert«[1] gekannt. Denn wo man anfängt, *Gründe* für ein Tabu zu suchen, da versteht es sich nicht mehr von selbst, da gilt es nicht mehr kategorisch, da hat Denken schon jenen Erosionsprozeß eingeleitet, der schließlich kein Verbot, keine Sitte, keine Norm mehr in Ruhe und selbstverständlich sein läßt. Götter begannen ihre Karriere im menschlichen Denken denn auch als Gründe für Tabus (»Du sollst nicht töten, nicht ehebrechen etc., *weil* Gott es so will«), bedurften mit der Zeit selbst der Begründung (»Wie kann Gott wollen, was er geschehen läßt?«) und schließlich des Nachweises ihrer Existenz (»Wie kann es Gott geben angesichts all des Schrecklichen, was geschieht?«). Auch hier gilt: »Was sich erst beweisen lassen muß, ist wenig wert«. Gottesbeweise gehören schon zur Götterdämmerung. Ihr angestrengter Scharfsinn ist Ausdruck des Zweifels, den er verscheuchen soll. Doch auch dem prominentesten modernen Nachfahren der Götter, Kants kategorischem Imperativ, erging es nicht besser. Weit davon entfernt, sich von selbst zu verstehen (eine ganze *Grundlegung der Metaphysik der Sitten* mußte zu seiner Begründung her), hat er vielmehr den Zweifel an der Möglichkeit kategorischer, d. h. allein durch sich selbst gültiger Grundsätze, so gründlich geweckt, daß keine Suche nach neuen, »besseren« Moralprinzipien ihn seither mehr hat ersticken können.

Kurzum, echte, ursprüngliche Tabus gibt es nicht mehr; keines, das nicht schon durch den Wolf des Diskurses gedreht, das nicht schon mit Gründen durchlöchert wäre, des-

1 F. Nietzsche, Götzendämmerung, Werke in sechs Bänden (ed. K. Schlechta), München 1980, Bd. IV, S. 953

sen Löcher sich nicht mit Vorwänden gestopft fänden. In dieser ausgestopften Gestalt jedoch, mit Argumenten mehr oder weniger geschickt präpariert und gefüttert, lebt das »Rühr mich nicht an« der alten Tabus fort. Es schlägt nicht mehr so blind aus wie beim Naturvolk, das über den Abweichler ohne zu überlegen herfällt, denn der moderne Aufklärungsgeist hat es mit Wissen durchtrieben – damit aber auch befähigt, sich *wider* besseres Wissen zu erhalten. Das alte Kollektiv, das den Schwängerer seiner Mutter steinigte, war grausam; die moderne islamische Staatsmacht, die Liebespaare auspeitschen läßt, wenn sie sie bei Zärtlichkeiten ertappt, ist zynisch; sie *weiß* um die Unhaltbarkeit ihres Tabu, und es ist ihr wütendes Sich-Sträuben gegen dies Wissen, das ihr von Reflexion durchtriebenes Tabu nicht minder heftig ausschlagen läßt als einst die alten authentischen.

Weil moderne Tabus bis zur Selbstverleugnung mit Gedanken durchsetzt und gepolstert sind, ist unsicher geworden, wo denn nun wirklich die Nervenpunkte liegen, die dem, was ursprünglich Tabu hieß, noch am ähnlichsten sind. Zunächst einmal pflegt man bei Tabus an die der Sexualität zu denken. Nicht von ungefähr; in jedem Tabu steckt Unterdrückung von Triebregungen, die, ungehemmt herausgelassen, das, was ein Kollektiv als seine Lebensordnung, seinen Halt empfindet, bedrohen. Zu unreglementierter Lust gehört das vorbehaltlose Genießen, das weder Rücksicht nimmt noch kalkuliert, sich einer Sache, Person oder einem Geschehen widmet, hingibt, und im Fasziniert- und Erfülltsein davon sich selbst vergißt. Es kann vollkommen harmlos sein wie das Verzehren einer Frucht; es kann, wenn es sich einer Sache oder Person bemächtigt, die ihm nicht zusteht, spannungsgeladen sein oder im Austoben einer Rache destruktiv. Lust ist asozial-amoralisch in dreifachem Sinne: sie kümmert sich nicht ums Sozialgefüge, sie bedroht es, und sie weist darüber hinaus; denn alle Lust »will Ewigkeit« (Nietzsche), oder, wie Augustinus sagte: »Wohlgerüche, die kein Wind verweht«, »Speisen, deren keine Sattheit satt wird«, »ein Glück vereinter Liebe, dem ein Überdruß nicht folgt«[1].

Die ewige Seligkeit wäre ein amoralischer Zustand – wie ihr äußerster Gegensatz, die totale Anarchie. Beiden wäre gemeinsam, die Zwangsjacke aller Normen los zu sein. Die sexuellen Exzesse, die in antiken Tempeln die heilige Hochzeit von Himmel und Erde nachfeierten, atmeten etwas davon. Lust hat einen ebenso anarchischen wie mystischen Impuls. Keine Gesellschaft kann sie unreglementiert gewähren lassen; aber ebensowenig kann ihr irgendeine Genüge tun. Das Verhältnis der Gesellschaft zur individuellen Lust bleibt stets eins der Gewalt, selbst wenn sie die Triebe wie ein Gärtner beschneidet: nicht nur verstümmelnd, sondern auch kultivierend. Die Gretchenfrage an jede Gesellschaft ist daher: wieviel Lust ermöglicht sie, wieviel Lust erträgt sie?

Heutzutage unerträglich viel, sagen besorgte Sittenwächter; man schaue sich nur einmal an, was täglich an Obszönität und Gewalt über die Bildschirme flimmert. Exhibitionisten und Kinderpornographen machen sich in talk shows breit, kein Geschlechtsteil bleibt unerörtert, keine Sexual- und Mordpraktik ausgeblendet in den Spielfilmen, mit

1 A. Augustinus, Bekenntnisse X, 6

denen Kinos und Privatsender fieberhaft Kundschaft locken. Die letzten Tabus wanken, die Gesellschaft droht in Anarchie zu versinken. Rettet die Kultur, verbietet diesen Schund!

Nun, bis heute ist strittig, in welchem Maß die derzeit über die Bildschirme gehende Verrohung wirklich als Antrieb zur Nachahmung wirkt und im welchem nur als Ventil für gestaute Triebregungen, wie sich ja früher schon als vorschnell erwies, Pornographie lediglich als Antrieb zur Vergewaltigung zu werten. Aber selbst wenn sich bei einem Medium, das täglich stundenlang und auch auf Kinder *sex and crime* ausstrahlt, die Stimulationsgefahr viel ernster zu nehmen ist als etwa bei Pornophotographie – eines steht fest: Von einem gesellschaftlich relevanten Tabubruch kann dabei nicht die Rede sein. Wir haben es nicht mit dem Ende der Kultur, sondern mit einer Konsequenz der Kulturindustrie zu tun, die in dem Maße, wie sich die Konkurrenz verschärft, mit schärferen Mitteln um Aufmerksamkeit kämpfen muß. Es geht ganz einfach um Einschaltquoten, und da kann man sich auf *sex and crime* am ehesten verlassen. Sich an fremdem Sexual- oder Aggressionsrausch zu erhitzen, ohne selbst in seine Folgen hineingezogen zu sein, das fesselt und prickelt für die Dauer eines laufenden Streifens – um so mehr, je weniger weit es mit eigener Lusterfahrung her ist. Die, die das Fallen letzter Hüllen vor der Kamera gierig wahrnehmen, nehmen kaum mehr wahr, was sie doch eigentlich genau wissen: daß das entscheidende Tabu über den Medien damit nicht im geringsten gelockert ist. Die Lust, die sie bieten, ist eine vorab kanalisierte, gefilterte, zurechtgestutzte: die des Voyeurs, der durch Anglotzen dessen, was ihm entgeht, sich zu entschädigen sucht.

Der Voyeur ist der Prototyp moderner Lust. Auch wo sie selbsttätig erlebt, nicht nur von außen angeschaut wird, geht die Tendenz dahin, an ihr teilzuhaben *wie* ein Voyeur, sie zu bedienen *wie* ein TV-Gerät. Wie das kommt? In einem Gemeinwesen, das sich nur erhält, indem die Mehrzahl seiner Mitglieder ihre körperlichen und geistigen Fähigkeiten für einige Stunden am Tag fremden Interessen verkaufen, also das tun, was einmal als das Wesen der Prostitution galt, gehen Lust und Ökonomie eine Verbindung ein, für die Freuds Rede vom »Lustgewinn« aufschlußreicher ist, als ihm selbst klar war. Sie offenbart ein Gefühlsleben, das das günstig abgeschlossene Geschäft als derart lustvoll empfindet, daß es umgekehrt auch genossene Lust unter Gewinn wahrzunehmen beginnt. Wer der Lust freilich wie einem Gewinn nachjagt, wie etwas, was man unter »Haben« verbuchen könnte, wird vom Gefühl des Zu-wenig-Habens, des Zu-kurz-Gekommenseins umgetrieben, und genau das haftet der gegenwärtigen Lusterfahrung wie keiner zuvor an. Keine Gesellschaft hat mehr Lust ermöglicht als die moderne; einen ganzen Maschinenpark stellt sie bereit, um Menschen unlustvolle Tätigkeiten abzunehmen. Aber in dem Maße, wie die Menschen als Anhängsel dieser Maschinerie fungieren statt als ihre Gebieter, bekommt auch ihre Lust etwas Maschinelles, Instrumentelles. Maschinisierte Lust aber ist sterilisierte; mag sie sich noch so austoben – und die auf keine festen Familienstrukturen mehr verpflichtete Gesellschaft *läßt* sie – sie ist der anarchisch-mystischen Würze beraubt und damit um ihr Bestes gebracht. Der Exzeß mag noch stattfinden, gespickt mit allem, wofür das Wort »pervers« steht – er ist vorab zu einem gewaltigen Dampfablassen, einer Regulierung des Triebhaushalts ernüchtert. Gesellschaftssprengende Kraft hat er weder im Guten noch im Bösen.

So widerlich die neue Obszönitätswelle im Fernsehen, so empörend die Benetton-Reklame mit der Montur eines erschossenen serbischen Soldaten auch sein mag: die Konventionen, die da gebrochen werden, haben aufs gesellschaftliche Ganze gerechnet nur noch den Status privater Marotten und Empfindlichkeiten, nicht von Nervenpunkten, von deren Unberührtheit der Fortbestand der Gesellschaft abhängt. Die findet man eher in jenem unsexuellen Verkehr, der auf den Straßen und auf dem Arbeitsmarkt stattfindet. So unerschrocken Fernsehkameras auf die Opfer von Kriegen, Erdbeben und Hunger halten – Verkehrstote, zumal aus dem eigenen Land, bekommt man nur überdeckt zu sehen. Niemand soll in die Lage kommen, darin Individuen, gar seine nächsten Angehörigen identifizieren zu müssen. Jeder kennt die ungefähren Zahlen derer, die jährlich auf den Straßen sterben – aber der Güter- und Personenverkehr ist derart essentiell für die Gesellschaft, daß ein ernstes Rühren an ihn, ein Nicht-mehr-Hinnehmen des Blutzolls, den er kostet, den gesellschaftlichen Zusammenbruch bedeutete. Und die Teilnahme an diesem Lebenselixier hat, bei allem Streß, den sie inzwischen mit sich bringt, bis heute nicht aufgehört, als Lust erfahren zu werden. Mit kaum etwas verbindet sich das Gefühl von Autonomie inniger als mit dem Auto. Das Fehlen von Mobilität wird ähnlich als Impotenz erfahren wie das des Arbeitsplatzes. In der angeblich schamlos gewordenen Gesellschaft schämen sich Zahllose ihrer ökonomischen Minderwertigkeit, wie man sich früher nur eines körperlichen Defekts oder Vergehens schämte. Und wo derart heftige, massenhafte Scham ist, da dürfte am ehesten noch das sein, was den Namen Tabu verdient.

Daß Personen, Dinge, Ideen, Gefühle nur noch so weit haltbar sind, wie sie »sich rechnen«: das ist in der warenproduzierenden Gesellschaft der Nervenpunkt der Nervenpunkte. Natürlich sagt jeder, daß das nicht angehe; der Mensch sei doch mehr als ein Ding, die Arbeitslosen, Alten und Kranken seien doch genauso Menschen wie die Funktionstüchtigen. Aber wie tief wird das noch geglaubt? Nicht nur, daß die Betroffenen es anders erfahren; man muß nur sehen, was geschieht, wenn wirklich einmal ernstlich jemand diesen Nervenpunkt antastet, wie damals, als eine Handvoll Tollkühner der kapitalistischen Gesellschaft wegen ihrer Inhumanität den Krieg erklärte: die RAF. Fast wie ein Kniescheibenreflex schlug da die im Nu zum Kollektiv zusammengewachsene Volksgemeinschaft gegen die Abweichler aus, und das Mißverhältnis zwischen faktischer Bedrohung und öffentlicher Hysterie zeigte, daß das, was hier angerührt war, wirklich tabu war: zwar gut gepolstert gegen Protest und kritische Theorie, aber empfindlich genug, um bei der ersten tätlichen Berührung wie eine Furie zu reagieren.

Vor diesem Hintergrund wird schlagartig deutlich, wie wenig an Tabubruch im neuen Rechtsradikalismus steckt, der erst einmal eine spontane Welle der Sympathie in der Bevölkerung für sich verbuchen konnte, ehe denn ein gewisses nachträgliches Erschrecken über so viel Arglosigkeit und Wohlwollen einsetzte. Freilich ist der Nationalsozialismus im deutschen Selbstverständnis ein Nervenpunkt ersten Ranges. So etwas soll es nie wieder geben, sagt die große Mehrheit, und viele der heute 40-60jährigen meinen das so ernst, daß kaum etwas sie tiefer trifft, als wenn ihre eigenen Kinder und Zöglinge die Hand zum Hitlergruß gegen sie erheben. Vordergründig liegt also ein satter Tabubruch vor, wenn sie ihre Umgebung mit den in aller Welt kompromittierten Nazisymbolen, mit Schlägertrupps und Anschlägen auf Ausländer schockieren. Aber dieser Vordergrund hat in der Angst vor Überfremdung, dem Bedürfnis nach Zuwandererstopp und neuem nationalen Selbstbewußtsein einen Hintergrund, der viel zu sehr der Gefühlslage breiter Massen entspricht, als daß dagegen so etwas wie Volkszorn hervorbräche.

In dem Maße, wie das gesunde Volksempfinden, das gewöhnlich Lynchgelüste äußert, wenn ihm etwas wider die Natur geht, die jungen Rechtsradikalen nüchtern-bedauernd als »irregeleitet« einstuft, als welche, die indiskutable Mittel zu diskutablen Zwecken anwenden, als schmutzige Vorkämpfer einer sauberen Politik deutscher Selbstbehauptung, reduziert sich ihr Tabubruch auf eine Überstürzung. Sie sind auf dem Wege, den die ökonomische Entwicklung mit ihrer sich immer weiter öffnenden Schere zwischen Oasen der Hochtechnologie und Wüsten der Strukturschwäche, Arbeitslosigkeit und Massenwanderung vorgezeichnet hat, nur ungestüm und wie in unmäßig vorauseilendem Gehorsam vorgeprescht: meinen es mit dem Wirtschaftsstandort Deutschland besser als ihm gut tut. Nationalismus und Fremdenhaß sind unbeschadet dessen nichts, was das Zentralnervensystem einer Gesellschaft, der Verkauf und Konkurrenz zur zweiten Natur geworden sind, auch nur im geringsten antastete.

Wo vordergründig Tabus niedergerissen werden, werden oft hintergründig welche gestopft und gefüttert. Es ist auf der politischen Bühne zur Masche geworden, sich als Tabubrecher, i. e. mutiger Aufklärer, zu präsentieren. »Denken ohne Geländer« im Sinne von Hannah Arendt forderte jüngst Edzard Reuter, um dann auszuführen: »daß wir an einer zweistelligen (sic!) Arbeitslosenziffer selbst dann nicht vorbeikommen werden, wenn die allgemeine Konjunkturentwicklung zu einer deutlichen Wiederbelebung [...] führen sollte«, daß »natürlich [...] unsere Lohnkosten zu hoch« seien, den »krankhaft wuchernden Sozialverwaltungen endlich eine Schlankheitskur aufgezwungen werden« müsse, »drastische Einschnitte in die behördlichen Verwaltungen« ebenso an der Zeit seien wie das Nachdenken über ein Mehrheitswahlrecht und den Beamtenstatus von Professoren.[1]

So spricht ein großer Tabubrecher von heute: erfrischend ehrlich und sachhaltig, verglichen mit durchschnittlichen Politikerreden, doch bei allen beherzten Angriffen auf Berufsverbände, Lobbies, Politiker nur darauf bedacht, daß ja nicht das Nervensystem einer Weltwirtschaftsordnung angegriffen werde, über deren Tabucharakter Rechenschaft abzulegen bei ernstlichem »Denken ohne Geländer« der erste Schritt sein müßte. Dabei wäre genau zwischen unnötiger und unvermeidlicher Unterdrückung zu unterscheiden,

1 E. Reuter, Wie schafft bessere Erkenntnis besseres Handeln, Frankfurter Rundschau, 2.7.93, Dokumentation

folglich zwischen unnötigen Tabus und unerläßlichen. Zum menschenwürdigen Umgang wird immer das Tabu über Verletzung, Mord und Totschlag gehören, deren Vorkommen nie ganz auszuschließen sind, solange Menschen frustrierbare, enttäuschbare Wesen sind, obwohl alle technisch-kulturellen Möglichkeiten bestehen für soziale Verhältnisse, in denen solche Handlungen gegen Null gingen. Erst die ewige Seligkeit wäre der vollkommen tabufreie Zustand.

Hingegen gibt es Tabus, die auf einem erreichten technisch-kulturellen Stand vollkommen widersinnig sind. Die scheinbare Selbstverständlichkeit, mit der Menschen und Dinge wie durch ein chemisches Verfahren zu Waren präpariert und wie durch Magneten auf den Markt gezogen werden, um dort ihre Bestimmung zu erfüllen oder verfehlen: das ist das große »Rühr mich nicht an« der modernen Gesellschaft, ihr Generaltabu, in bezug auf das alles, was heute sonst noch Tabu genannt wird, seinen Stellenwert bekommt. Denn Tabu ist nicht gleich Tabu. Es gibt welche, die als der Gängelwagen, an dem das Triebleben sich bewegen lernt, ihren humanen Sinn haben, andere, die unsinnig Lust töten, zahllose, die diesen Titel gar nicht verdienen, weil sie nicht mehr als Privat- oder Gruppenschrullen darstellen – und schließlich jenes umfassende, in dessen Kraftfeld alle anderen stehen oder fallen. Solange dies Kraftfeld tabu ist, ist die marktschreierische Tabubrecherei, mit der Filme, Politiker, Wirtschaftsmagnaten Aufmerksamkeit erheischen, Augenwischerei oder das, was Horkheimer und Adorno von der Kulturindustrie sagten: »Aufklärung als Massenbetrug«.

Besessenheit

Aus Spaß war es nicht, als der Maler Christoph Haitzmann »Anno 1669« die Feder in sein eigenes Blut tauchte und notierte: »Ich verschreibe mich dißen Satan, ich sein leibeigner Sohn zu sein, und in 9 Jahr ihm mein Leib und Seel zuzugeheren.« Er konnte von Glück sagen, daß er, kurz bevor die neun Jahre um waren, in seiner Panik an derart verständnisvolle geistliche Herren geriet, daß er mit ihrer und der Heiligen Jungfrau zu Mariazell Hilfe das Schreiben »zurück«bekam: »den Dämon in der Ecke erblickte«, wie die Überlieferung versichert, »ihm aus den Händen der Geistlichen, die ihn hielten, entgegenflog und den Zettel in die Hand bekam«. Wie immer der Maler dem Wunder von Mariazell nachgeholfen haben mag – die Depression nach dem Tode seines Vaters, die er als unwiderstehlichen Zwang erfuhr, sich dem Satan zu verschreiben, sowie die »Zustände mit Visionen und Krämpfen, Bewußtlosigkeit und schmerzhaften Sensationen«, als die Frist abzulaufen drohte, wird er schwerlich vorgetäuscht haben, weswegen denn auch für Freud, der das kirchliche Dokument über den Maler gründlich analysierte, der Fall klar lag: Besessen sei er natürlich nicht vom Teufel gewesen, sondern von der Autorität seines Vaters, dessen Verlust ihn in seelische Not bis zur Ausbildung einer regelrechten Teufelsneurose trieb.[1]

1 S. Freud, Eine Teufelsneurose im siebzehnten Jahrhundert, Gesammelte Werke, Bd. XIII, London 1940, S. 315 ff.

Gleichgültig, ob man Freuds Diagnose in allen Einzelheiten teilt: Besessenheit als seelische Erkrankung zu entschlüsseln, ist einmal ein großes Stück Aufklärung gewesen. Daß die peinigende Macht, die einen da mit grauenhafter Fremdheit zu ergreifen droht, keineswegs notwendigerweise von außen kommt, sondern aus dem Innern aufzusteigen vermag – als etwas, was der eigenen Person angehört, obwohl sie sich darin um keinen Preis wiederzuerkennen wünscht: das kann man sich erst klarmachen, wenn man weiß, wie wenig das bewußte Ich Herr im eigenen Haus ist, wie sehr es bloß die Oberschicht bildet, die einem ganzen Trieb- und Gefühlshaushalt aufsitzt – etwa wie der Reiter dem Pferd, das er ebenso fest am Zügel haben wie es mit ihm durchgehen kann.

Wünsche, Triebregungen, die die Gesellschaft so streng unter Verbot gestellt hat, daß auch das Individuum sie sich strikt verbietet, können sich als bedrängende oder faszinierende Obsessionen geltend machen und gleichsam hinter dem Rücken des bewußten Ichs aufsteigen, es überrumpeln oder fesseln, genauso wie seelische Verletzungen, deren Pein oder Peinlichkeit zu groß ist, als daß bewußte Erinnerung an sie erträglich wäre. Kein Zweifel: Ein großer Teil dessen, was im ausgehenden christlichen Mittelalter Teufelsbesessenheit hieß, bestand aus solchen Regungen, die als geile Bocksgestalt, als Hexensabbat, Vampir oder sonst eine gespenstische Zusammensetzung von Mensch und Tier zu Kopfe stiegen: als Rebellion der Unterschichten der christlichen Seele gegen das, was ihre Oberschicht ihnen im Namen Christi, der Heiligen und des Evangeliums zumutete.

Gern geben moderne Theologen das zu. Alles, was kritische Psychologie herausgefunden hat, ist ihnen hochwillkommen, wenn es darum geht, den Teufel loszuwerden. Die Gläubigen ängstigt er, die Ungläubigen belustigt er. Beides kann die Kirche in dieser kundenarmen Zeit nicht mehr wollen. »Wenn wir die Begriffe ›das Böse‹, ›die Macht des Bösen‹ gebrauchen, dann haben wir es mit einer unbestimmten, nur gedachten Größe zu tun, und es muß uns dabei klar sein, daß es ›das Böse‹ in sich nicht gibt«, sagt Herbert Haag[1]. Und die Macht des Guten? Auch bloß eine unbestimmte, nur gedachte Größe? Nein, die bleibt, was sie immer war: der real existierende, in Jesus Christus geoffenbarte Gott. Den Teufel als menschliche Fiktion und Gott für bare Münze nehmen, um dann im Namen Gottes vom Spuk des Teufels zu kurieren: das ist der Beitrag fortgeschrittener Theologie zur modernen Seelenhygiene, die auf ein rundum obsessionsloses Ich hinarbeitet.

Dabei wird freilich eines vergessen: Eben dieses bewußte Ich, das vollauf damit beschäftigt ist, sich von allen möglichen Obsessionen freizuhalten, verdankt *sich selbst* einer ganzen Reihe von ihnen. Es ist ja nicht vom Himmel gefallen, sondern aus einem unendlich mühsamen seelischen Selbstbearbeitungsprozeß hervorgegangen. Kein Selbst ohne Selbstdisziplinierung. Es muß vom Spielball all seiner momentanen Regungen, als der es in der Natur anfangs umhergeworfen ist, zu deren Bändiger werden: sie zu möglichst gefügigen Bestandteilen seiner selbst zurechtbiegen und sich ihnen als ein dauerhafter, haltbarer Wille aufsetzen. Noch heute brauchen die Individuen dazu Jahre. Für

1 H. Haag, Abschied vom Teufel, Einsiedeln 1969, S. 10

die Menschheit war es ein Prozeß von Jahrtausenden: ein Stück seelischer Schwerstarbeit. Freiwillig ist sie nicht getan worden. Angst vor dem namenlosen Schrecken einer übermächtig-unbegriffenen Natur trieb sie an.

Dieser Schrecken ist die Urform des Heiligen. Um dessen erschütternde Gewalt auszuhalten, mußte man *sich* Gewalt antun: das Schreckliche als zürnende höhere Macht auslegen, um sich selbst die Chance zu geben, besänftigend auf es einzuwirken: durch Opfer von allem, woran man hing, Menschen, Tieren, Dingen, eigenen Ansprüchen. Es war der Bann des Heiligen, der das Fühlen und Denken auf schreckenbringende und sinnstiftende Fluchtpunkte fixierte: auf das daherstürmende Unwetter oder Raubtier, auf heilige Haine, Bäume, Steine, Berge, später auf Mutter Erde, die Gestirne oder den göttlichen Geist. In der Ausrichtung auf solche Fixpunkte hat das Denken sich eine erste Festigkeit, »Konsistenz« gegeben, erste Schlüsse gezogen, sich die Welt über Stock und Stein als einen Sinnzusammenhang zurechtgelegt: sie »logifiziert«. So gewiß »Zustände mit Visionen und Krämpfen, Bewußtlosigkeit und schmerzhaften Sensationen« sich heute als höchst bedrohlich für den Zusammenhalt des bewußten Ich erweisen, so gewiß gehörten sie einmal zu den Wehen seiner schweren Geburt.

Noch auf den Gipfeln der Hochreligionen bemerkt man etwas davon. Das Eigentümliche an den großen alttestamentlichen Propheten etwa ist, daß sie sich gegen die furchtbaren Unheilsvisionen, die sie gegen Israel herausschreien, nicht wehren können. Es überkommt sie wie Löwengebrüll (Amos), wie ein Sturmwind (Ezechiel), ein unwiderstehlicher Befehl (Jesaia), gegen den kein Sträuben und Flehen hilft (Jeremia). Ihre unerhörte Kritik, eines der kühnsten Stücke der Selbstreflexion jüdischer Religion, kommt als gewaltige religiöse Obsession daher und gewinnt aus ihr ihre sprachliche Kraft.

Längst ehe sich »böser Geist«, will sagen, Verbotenes, Verdrängtes, Abgespaltenes als Besessenheit artikulierte, war sie das Vehikel von »Geist«: von Denken, Vernunft, Reflexion. Das *daimonion* des Sokrates, jene innere Stimme, die ihm zwar nicht sagte, was er tun, wohl aber, was er lassen sollte, war natürlich nichts als seine eigene Vernunft, aber eine, die er als höhere Instanz in seiner eigenen Person erfuhr: als seinen Genius oder, moderner, »Schutzengel«. Und das Bewußtsein dieses Höheren in ihm gab ihm die unvergleichliche Sicherheit, Gelassenheit, Beharrlichkeit, mit der er die angemaßte und wirkliche Weisheit seiner Mitbürger prüfte, sich gegen die Anklage vor Gericht verteidigte, aus dem Gefängnis zu entfliehen verschmähte und schließlich den tödlichen Schierlingsbecher entgegennahm. Das, was ihm als die Vernunft erschien, hatte er dermaßen mit seelischer – »libidinöser« – Energie aufzuladen vermocht, daß sie ihm selbst als ihn bestimmende und lenkende Macht vorkam. Ohne Sokrates' Vernunftbesessenheit wäre nicht das leibhaftige Beispiel dafür in der Welt gewesen, daß die Vernunft, jenes die Menschen von den Tieren unterscheidende Vermögen zur Abstraktion, auch eine die menschlichen Entscheidungen und Handlungen durchgängig bestimmende Kraft sein könnte.

Gedanken allein tun's nicht, und der begabteste Intellekt kann verpuffen, wenn er, wie Nietzsche sagt, als »ein feiner

Ausnahme-Verstand auf eine gemeine Seele gesetzt ist«[1]. Die Seele muß selbst ihren Gedanken Feuer machen, wenn sie die Energie haben sollen, die sie brauchen, um etwas in der Welt zu beschicken und zu hinterlassen. Man streiche aus Jesus von Nazareth die fixe Idee des nahenden Gottesreiches, das im Begriff steht, derart radikal mit dem bisherigen Weltlauf zu brechen, daß es nicht einmal mehr als Rache und Strafe für die Ungerechtigkeiten der Geschichte daherkommt – und man hat genau das gestrichen, was die einzigartige Kontur und Faszination dieser Person ausmachte und das Christentum auslöste. Man ziehe von Bacon und Descartes die Obsession ab, durch vollkommene Entschlüsselung der Naturgeheimnisse werde die Menschheit vollkommen – und man hat eliminiert, was sie zu Pionieren der neuzeitlichen Naturbeherrschung beflügelte. Was wäre ohne die obsessive Fortschritts- und Menschenrechtseuphorie der Aufklärer aus der modernen Demokratie geworden, was ohne die Besessenheit, mit der Leonardo, Rembrandt, van Gogh oder Mozart, Beethoven, Schubert arbeiteten, aus ihren Werken? »Kunst kommt nicht von Können, sondern von Müssen«, bemerkt Arnold Schönberg. Entweder sie hat den Künstler gepackt, treibt ihn um und bricht zwanghaft aus ihm hervor, oder sie ist fad – keine Kunst.

»Hat jemand, Ende des neunzehnten Jahrhunderts, einen deutlichen Begriff davon, was Dichter starker Zeitalter *Inspiration* nannten?« fragt einer, dem man es am wenigsten zugetraut hätte. »Der Begriff Offenbarung, in dem Sinn, daß plötzlich, mit unsäglicher Sicherheit und Feinheit, etwas *sichtbar*, hörbar wird, etwas, das einen im Tiefsten er-

1 F. Nietzsche, Jenseits von Gut und Böse, § 26

schüttert und umwirft, beschreibt einfach den Tatbestand. Man hört, man sucht nicht; man nimmt, man fragt nicht, wer da gibt; wie ein Blitz leuchtet ein Gedanke auf, mit Notwendigkeit, in der Form ohne Zögern – ich habe nie eine Wahl gehabt.« »Alles geschieht im höchsten Grade unfreiwillig, aber wie in einem Sturme von Freiheits-Gefühl, von Unbedingtsein, von Macht, von Göttlichkeit«. »Mit dem geringsten Rest von Aberglauben in sich würde man in der Tat die Vorstellung, bloß Inkarnation, bloß Mundstück, bloß Medium übermächtiger Gewalten zu sein, kaum abzuweisen wissen.«[1]

So wird einer der schärfsten Religionskritiker geständig: Nietzsche. Wie ein Fossil der Vorzeit ragt diese seine Erfahrung in die moderne Welt, und er selbst weiß um das Anachronistische an ihr. Gewöhnlich wird sie nur noch von Leuten reklamiert, die den Mangel an Geist in ihren Inspirationen mit dem Verweis auf ihre erhöhten Seelenzustände überspielen. Ein Zustand, wie Nietzsche ihn beschreibt, schreit förmlich nach einer höheren Macht, die sich darin ausdrückt. Jede solcher Mächte jedoch hat Anlaß, das Licht der Vernunft zu scheuen, dessen prüfende Schärfe gegen alle Offenbarungen, Eingebungen, Heimsuchungen, Inspirationen, die heute auf dem »Markt der Möglichkeiten« feilgeboten werden, dringlicher denn je ist.

Das meiste, was dort an Glaubensgewißheit angepriesen wird, hält kritischer Besinnung keinen Augenblick stand. Daß das Sektenwesen dennoch blüht, daß so viele so anfällig für alles sind, was als höhere Offenbarung daherkommt, hat damit zu tun, daß den Rädchen im Getriebe, als die sich

1 F. Nietzsche, Ecce Homo, Abschnitt Also sprach Zarathustra, § 3

moderne Menschen zunehmend fühlen, immer mehr alles schwindet, was *nicht* Funktion, nicht Mittel zum Zweck, nicht relativ auf anderes ist, sondern für sich selbst steht und gilt, Halt und Sinn gibt. So ergänzen sich der nüchtern-funktionale Reigen des Markts, auf dem nur Wert hat, was einen Preis hat, sich in ein anderes umrechnen und umtauschen läßt, und das Arsenal fixer Ideen, von denen jede in marktschreierischer Konkurrenz sich als das einzig Rettende präsentiert. Sogenannte Humanwissenschaftler, die die Gedanken ihrer Tradition von Platon bis Freud umherschieben, neu ordnen und abheften wie Sachbearbeiter ihre Akten, und Gurus, die von der absoluten Gültigkeit der Bibel, des Korans, der Gestirne oder sonst etwas besessen sind, verhalten sich zueinander wie das Negativ zum Fotoabzug: als unvereinbare Gegensätze, von denen gleichwohl jeder die Züge des andern trägt.

Kein Wunder, wenn auf beiden Seiten Seelsorger für die jeweils andere erstehen: hier Prediger, die das halt- und heimatlose Umherschweifen der modernen Rationalität als *die* Seelenkrankheit diagnostizieren und ihre fixe Idee als die Heilung davon ausbieten, dort Psychologen, die im Namen der Aufklärung Besessenheit an sich bekämpfen und dazu eine Typologie des Fanatikers entwerfen, die den Typus von dem Inhalt, der ihn besessen hält, abzieht und ihn nur formal umschreibt – etwa als einen, der eine bestimmte Idee »überbewertet«, sie emotional »überbesetzt«, unfähig und unwillens ist, sie mit der ihn umgebenden Realität auszubalancieren und stattdessen bereit, zu ihrer Durchsetzung Gewalt anzuwenden.

Solche Typologie hat ihr Recht an zahllosen psychologischen Fallbeispielen, die vom Sektenmitglied bis zum Fußballfan, von der das ganze Leben bestimmenden Obsession bis zum Hobby und Spleen reichen, aber sie erfaßt auch Fälle, an denen sie sich vergreift. Jeder Widerstandskämpfer, der ohne lange Diskussion auf der Inhumanität von Faschismus und Stalinismus bestand, weder im Exil noch im Gefängnis gesonnen war, sich von dieser »Idee« abbringen zu lassen und sie mit seiner anders denkenden Umwelt in Einklang zu bringen, und zudem keineswegs einsah, daß Gewaltverzicht gegenüber einem Gewaltstaat der Weisheit letzter Schluß sei: er ist in den Rastern solcher Typologie genauso ein Fanatiker wie jeder von kosmischen Mächten faselnde Guru. Die übermäßige seelische Energie, der es bedarf, um an einer kritischen Einsicht auch dann festzuhalten, wenn sie von der Umwelt mißbilligt, bedroht oder verfolgt wird, mag in ihrem Quantum von der, mit der einer auf schnittige Autos, edle Weine, alte Briefmarken, seltene Käfer, blonde Frauen oder die Absolutheit seiner religiösen oder politischen Doktrin versessen ist, kaum verschieden sein. In der Typologie firmiert sie daher bloß als ein Fall von »überwertiger Idee« wie zig andere.

Das unausgesprochene Maß solcher Klassifikation ist ein diffuses demokratisches Mittelmaß, dem Wahrhcit, Mchrheit und Normalität ungefähr dasselbe bedeuten und alles gründliche, den Dingen kritisch-kompromißlos an die Wurzel gehende, d. h. *radikale* Denken nur als eine Form von Überwertigkeit, also Fanatismus erscheinen kann. Daß die moderne, systematisch Waren und Krisen produzierende Gesellschaft, ob mit mehr oder weniger Demokratie, mit zunehmender Geschwindigkeit auf ihre Selbstzerstörung hintreibt, wenn ihre kapitalistische Globalstruktur nicht überwunden wird: wer sich diesen Gedanken auch dann nicht ausreden läßt, wenn fast alle andern ihm abgeschworen und sich entschlossen haben, die bestehende Weltwirtschaftsordnung mit einem Naturgesetz zu verwechseln, ist nach den Kriterien demokratischer Normalität schlicht ein Besessener und die ungewöhnliche Energie, die er aufbringen muß, um an seiner unpopulären »Idee« gegen eine erdrückende Mehrheit festzuhalten, ein untrügliches Zeichen seiner Krankenhausreife.

Von Gedanken soll man heutzutage weder ergriffen noch besessen sein; man soll sie *vertreten*, wie ein anderer Staubsauger oder Küchenmaschinen vertritt und immer mal Produkt und Firma wechselt: ohne sein Herz, geschweige denn seine Person oder gar sein Leben daran zu hängen. Der demokratische Überzeugungsvertreter ist jedoch nur das Negativ des fanatischen Überzeugungstäters. So gewiß zu einem befriedeten Dasein gehörte, Frieden mit der eigenen Seele zu haben und von Obsessionen, Spleens, Marotten nicht mehr geplagt zu werden, so gewiß gibt es eine falsche Erlösung von Besessenheit: eine, die mit den fixen Ideen auch jene Ecken und Kanten wegnimmt, die die Individualität der Person ausmachen. Unter marktwirtschaftlichen Bedingungen liefe das vollkommen obsessionslose Ich denn auch auf das allseitig flexible und anpassungsfähige hinaus, das man auch das vollkommen charakter- und ausdruckslose nennen könnte.

Gnade

Der abgetretene Bundespräsident hat mehrfach von seinem Recht Gebrauch gemacht, Straftäter zu begnadigen. Noch kürzlich kam so ein zu lebenslanger Haft verurteiltes ehemaliges Mitglied der RAF frei. Und wieder stellte sich dabei die alte Frage: Sind solche Gnadenakte, über die der hohe Herr niemandem Rechenschaft schuldet, eigentlich rechtens? Erste Antwort: Ja, selbstverständlich, das Grundgesetz sieht sie doch eigens vor. Zweite Antwort: Nein, natürlich nicht, besteht doch der Gnadenakt gerade darin, sich von gültigem Recht auszunehmen. Müßte er sich selbst wiederum vor einer Rechtsinstanz verantworten, so wäre er keiner mehr.

Es hilft nichts: Zur Gnade gehört ein Souverän, der entscheiden kann, wie er will – weshalb die französische Revolution 1791 das Gnadenrecht aus der Verfassung strich; derartige Souveräne hatte man gerade satt. Zehn Jahre später wurde es wieder eingeführt; man hatte inzwischen eine gnadenlos mahlende Justizmühle kennengelernt. Gnade reklamieren aber heißt den dunklen Untergrund aufrühren, aus dem das moderne bürgerliche Recht auch in seinen hellsten, durchsichtigsten Formen hervorgewachsen ist.

Machen wir uns nichts vor: Rechte sind zunächst einmal Vorrechte gewesen – des Stammesführers auf den Löwenanteil der Beute, des Priesters auf die Opferrückstände, der Kriegerkaste auf die Freistellung von körperlicher Arbeit etc. Rechtsverhältnisse waren durch Gewalt hergestellte

Sitten und Gebräuche: geregelte Machtverhältnisse. Das Recht spielt darin die Rolle eines Verteilerschlüssels. Einem jeglichen zuteilen, was ihm zukommt: so definiert noch Platon die Gerechtigkeit. Ihr uralter Grundgedanke ist, jedem zuzumessen, was ihn, seinen Rang oder seine Taten aufwiegt, ihr Sinnbild ist die Waage, ihr Prinzip die Entgeltung von Gleichem durch Gleiches: Äquivalenz.

Gleiches durch Gleiches entlohnen heißt aber auch: Ungleiches ungleich. Das Äquivalenzprinzip hat anfangs daher keineswegs für den Abbau von Vorrechten gesorgt, sondern sie festgeschrieben, und zwar so, wie die Natur sie vorgezeichnet zu haben schien: je mehr physische Stärke, desto mehr Rechte, desto mehr Freiraum, sich herauszunehmen, was man will. Gnade entstammt diesem Freiraum. Nur der Rechtlose darf sich nichts herausnehmen; man kann *ihm* gnädig sein, *er* aber niemandem.

Recht also ist lange Zeit gar nichts anderes als Gnadenrecht gewesen. Weil der Mächtigere Recht hat, kann er mit dem Ohnmächtigen, ihm Ausgelieferten nach Belieben umgehen: gnädig oder ungnädig. Beides bedingt einander. Jemandem seine Gunst zu erweisen, heißt, sie andern vorzuenthalten. Verwerfung gehört zur Gnade wie der Schatten zum Licht. Noch die Begnadigung, die ein Bundespräsident ausspricht, bedeutet Abweisung zahlloser anderer Gnadengesuche – ob sie nun tatsächlich schriftlich eingereicht wurden oder das Stadium des Stoßseufzers nie überschritten haben.

Als das Gnadenrecht herrschende Rechtspraxis war, war es zugleich noch viel mehr: ein ganzes Welterklärungsmodell. Ausgeliefert waren ja nicht nur die schwächeren Menschen den stärkeren, sondern ganze menschliche Kollektive einer übermächtigen Natur. Folglich war sie – im Recht. Was immer ihre Drahtzieher, die Götter, über die Menschen verhängten, es geschah ihnen recht. War es ein Unglück, so war offenbar das Anrecht der Götter auf Anerkennung und Verehrung mißachtet; ihre ungnädige Reaktion war zugleich der Wink, sie gnädig zu stimmen: zu opfern. Das Opfer erkennt den göttlichen Zorn als Recht an – aber als eines, an dem man drehen kann. Gelingt es, den Zorn zu besänftigen, so hat man die Ungnade in Gnade gewendet, die nun genauso rechtens, verdienter Lohn ist wie zuvor ihr Gegenteil.

Im Gnadenrecht ist Gnade nicht Recht und doch Recht, das Recht Manifestation von Gunst oder Ungunst, die Gnade ein Rechtsgut. Und auf beide ist kein Verlaß, solange sie als in einer höheren Macht vereint gedacht werden, auch wenn die so unbestechlich daherkommt wie die griechische Schicksalsgöttin *moira* (= »die Verteilerin«), für die Recht, Gnade und Ungnade einerlei sind. Sie teilt jedem zu, was ihm zukommt; insofern ist sie absolut gerecht. Aber sie tut es blind, ohne Bewußtsein, hat keine Gründe für ihr Tun; insofern ist ihre absolute Gerechtigkeit absolut willkürlich. Auch der biblische Gott firmiert als Einheit von Gnade und Recht, aber als spannungsgeladene: als Schicksal zwar, das zuteilt, wie jedem gebührt, aber als ein sehendes, das, bewegt vom Jammer der Welt, deren Lauf zum Guten wendet – ein höherer, das Schicksal mit lauter guten Absichten und Gründen durchwirkender Ratschluß, nur daß menschlicher Vernunft verschlossen bleibt, mit welchen.

Auch dieser Gott läßt sich, so sehr er sich auch offenbart haben soll, nicht in die Karten schauen. Genossenes Glück mag man als seine Gnade, Unglück als seine nur das Beste wollende gnädige Prüfung interpretieren; selbst die ewige Verdammnis für die, die diese gute Absicht partout nicht zu schätzen wissen, mag so als Kehrseite der Gnade noch in deren Licht glänzen. Doch warum Glück und Leid so verteilt sind, wie sie sich finden, warum die Welt so läuft, wie sie es tut, wird damit keine Spur einsichtiger. Was das Geschick schickt, schickt es zu Recht, denn es ist gnädig: so findet alles irdische Glück und Elend seine höhere Rechtfertigung, die nichts erklärt und für alles eine Ausrede hat. Sie kommt so sicher wie das Amen in der Kirche, sobald sich die Frage stellt, wie der Scherbenhaufen der Geschichte sich mit der Behauptung eines allweisen Weltenlenkers reimt, beteuert die Unfähigkeit menschlicher Vernunft, den göttlichen Ratschluß zu erkennen und behauptet gleichwohl dreist zu wissen, daß er gut und rechtens sei.

Gnade als Hintertür, um die Macht des Faktischen in letzter Instanz doch als Recht zu deklarieren: das ist das Strickmuster jeglichen theologischen und politischen Gnadenrechts und Grund genug, beide abzuschaffen. Politisch läßt sich das machen; das bürgerlich-demokratische Recht, das nicht mehr nur Gleiches mit Gleichem entlohnen, sondern gleiches Recht für alle sein will, ohne Ansehen der Stellung, Hautfarbe, Religion, des Geschlechts oder Einkommens, ist in der Tat mächtig im Vormarsch in der modernen Welt. Nicht, daß es nicht massenhaft unterlaufen würde; aber kaum jemand wagt sich offen gegen es auszusprechen. Denn anders als auf der Basis gleicher Grundrechte für alle und gerechter Entlohnung ihrer Taten ist bei jenem Kampf aller gegen alle, zu dem sich die moderne Konkurrenzgesellschaft zunehmend entwickelt, der Ausbruch offenen Terrors kaum mehr zu verhindern.

Wie aber könnte aus dem theologischen Gnadenrecht ein bürgerlich-demokratisches werden? Demokratie verlangt, über den göttlichen Heilsplan ebenso zu debattieren und abzustimmen wie über eine Regierungsvorlage. Theologie verlangt, davon die Finger zu lassen: »Wer bist du, Mensch, daß du mit Gott rechten willst? Sagt etwa das Werk zu seinem Schöpfer: Warum hast du mich so gemacht? Ist nicht vielmehr der Töpfer Herr über den Ton? Kann er nicht aus derselben Masse ein Gefäß herstellen für Reines, ein anderes für Unreines?« (Röm 9,20) So sehr die Kirchen heutzutage auch Demokratie im Munde führen – meinten sie es ganz ernst mit ihr, so müßten sie den göttlichen Töpfer mit lautem Getöse fallen lassen.

Was danach von »seiner« Gnade noch übrig bleibt? Vielleicht das Beste, nämlich das Menschliche. Gnade hat ein humanes Ferment; Mitleid, Erbarmen, Nachsicht, Großmut sind die Eigenschaften, aus denen sie sich speist – Eigenschaften allerdings, über die Menschen nur punktuell verfügen. Niemand kann sie unentwegt praktizieren, und selbst ein Gott könnte sie nicht rund um die Uhr erweisen, ohne daß das Erbarmen erbärmlich, die Großmut charakterlos, die Nachsicht zur Schlamperei würde. Nur als Ausnahmen sind sie möglich – und haben sie Sinn. Und dieser Sinn ergibt sich ausgerechnet aus der klassischen Definition der Gerechtigkeit: jedem zumessen, was ihm zukommt. Diese Definition ist formal; sie sagt nicht, *was* zu messen sei. Jedem genau nach Rang, Geschlecht oder Konfession vergelten, ergibt auch im günstigsten Fall nur ein Klassenrecht. Jedem ausschließlich nach seinen Taten vergelten, ergibt immerhin bürgerliches Recht. Doch was ist eine Tat ohne die soziale Konstellation und die ganz individuelle körperlich-seelische Verfassung und Gesinnung, aus der sie hervorging? Welches Gericht kann dies komplexe Geflecht zureichend aufhellen oder vorherwissen, wie sehr sich der Täter die Strafe zu Herzen nehmen wird? Ein Strafmaß, das an dem einen kühl abtropft, kann einen andern so treffen, daß er dadurch mehr beschädigt als gebessert wird. Die Tat mag zweifelsfrei erwiesen, das dafür übliche Strafmaß korrekt ermittelt – und im speziellen Fall gleichwohl ein Justizirrtum begangen sein.

Jedem zumessen, was ihm zukommt, nämlich als diesem konkreten, unauswechselbaren Individuum, könnte in der Tat nur ein Gott, der jedem ins Herz sieht. Weil aber ein solcher nicht auszumachen und Menschen ein derartiger Blick nicht gegeben ist, bedarf die Gerechtigkeit um ihrer selbst willen der Gnade. Das, was sie will und soll, nämlich jedem zumessen, wie ihm gebührt, kann sie nicht allein. Sie braucht die Ausnahme von ihren Regeln, um sich dem unbedingt gerechten Maß, das sie erstrebt, so weit wie möglich anzunähern. Gerechtigkeit, die jegliche Gnade verschmäht, schlägt in Selbstgerechtigkeit um. Gnade ist kein Schandfleck der Gerechtigkeit, sondern ihr Schönheitsfleck.

Zur Gnade gehört ein Souverän. Das bleibt auch dann richtig, wenn mit Souveränität nicht einfach bloß politische Macht gemeint ist, sondern eine spezifisch menschliche Qualität. Wer um die Gnadenbedürftigkeit des Rechts weiß, neigt dazu, es mit dem nötigen geistigen Abstand zu handhaben: souverän. Nicht minder ist die Fähigkeit, vom eigenen Vergeltungsbedürfnis Abstand zu nehmen, ein Zeichen von Souveränität. Im Gnadenakt wächst die Gerechtigkeit über sich selbst hinaus; das Äquivalenzprinzip hält den Atem an. So gewiß das unbefriedete Dasein nur durch die Zumessung von Äquivalenten zur Räson gebracht werden kann, so gewiß wäre ein befriedetes den Zwang zum andauernden gegenseitigen Auf- und Abrechnen los. Gnade läßt etwas davon vorscheinen. Sie setzt ein Zeichen – ein zweideutiges freilich. Saul verrichtete »seine Notdurft« in der Höhle, in der David auf der Flucht vor ihm versteckt saß. »Da stand David auf und schnitt heimlich einen Zipfel von Sauls Mantel ab« (1. Sam 24,7) – statt ihn zu töten. Das war souverän – gerade weil er die Macht, die ihm da unversehens über seinen Feind zufiel, aufs Spiel setzte und damit sein Leben.

Zur Gnade gehört das Risiko. Ein gnädiger Gott riskiert nichts. Weil sie ihre Überlegenheit nicht nutzt, kann Gnade zum Fiasko werden, wenn sie ihrerseits ausgenutzt wird. Wie viele, die den in ihre Hände gegebenen Feind schonten, sind von ihm später erbarmungslos niedergemacht worden. Gnadenerweise können also furchtbar scheitern. Sie zur moralischen Pflicht zu machen, ist unsinnig und unbillig. Auf Dauer gestellte Gnade ergibt Korruption oder *burn out*. Daher funktioniert auch keine Mitleidsethik. Mitleid als allgemeines Handlungsprinzip, also jederzeit mit all und jedem, mit Hitler wie mit allen KZ-Opfern wie mit der gesamten Tierwelt, lähmt sich selbst und ist von der Schwäche und Bestechlichkeit, die Kant und Nietzsche darin argwöhnten, nicht mehr zu unterscheiden. Mitleid als punktueller, spontaner Impuls hingegen gehört zu den schönsten Errungenschaften der Humanität.

Wo Gnade geübt wird, wird Gnade empfangen, aber nicht überall, wo sie empfangen wird, wird sie geübt. Es gibt bisweilen eine ungeplante Gunst der Umstände, für die niemand verantwortlich zu machen ist. Eigentlich ist sie nichts als Zufall in jener Ursprungsbedeutung des Wortes, daß einem etwas zufällt: zwar nicht grundlos in naturwissenschaftlichem Sinn, wohl aber unvorhersehbar. Dies Zugefallene, ein Vorteil, Privileg oder was es auch sei, Gnade zu nennen, muß nicht heißen, es als persönlichen Gunsterweis eines übernatürlichen Wesens zu verbuchen. Zunächst einmal heißt es nur: ich habe es nicht verdient, es läßt sich für nichts als Äquivalent verbuchen. In diesem Moment ist Gnade das, was die Griechen *kairos* nannten: der glückliche Augenblick, der gleichsam danach verlangt, fruchtbar gemacht zu werden und den zu versäumen unverantwortlich ist. Lessing hat aus seinem *Nathan* eine ganze Kairologie gemacht, weil ihm dämmerte: Wenn der menschlichen Vernunft nicht ein durch keine Vernunft planbares Zusammenspiel glücklicher Umstände nachhilft, wird sie es nie schaffen, die menschliche und außermenschliche Natur zu humanisieren.

So gesehen bedarf selbst noch die Vernunft der Gnade, wie es natürlich auch eine »Gnade der späten Geburt« gibt. Daß ich erst nach dem Nationalsozialismus geboren bin, nicht vor der Entscheidung stand, mitzumachen oder auszuwandern, an der Front oder im Widerstand mein Leben zu riskieren, ist ein ungeheurer Vorteil, ein Privileg, das ich durch nichts verdient habe – genauso wie es eins ist, in bürgerlichen Verhältnissen Mitteleuropas aufzuwachsen statt in einer lateinamerikanischen Favela oder sich in wirtlicherer Umgebung als der Antarktis oder Sahara die Lebensmittel beschaffen zu dürfen. Solche Zufälle »Gnade« nennen heißt nichts als willens sein, sich ihrer würdig zu erweisen: ein Maximum des eigenen Vorteils auf andere überfließen zu lassen.

Gnade als Scham der Gerechtigkeit über ihr eigenes Ungenügen und Gnade als glücklicher Zufall: beide verlangen nacheinander. So wenig ihr Zusammenkommen erzwingbar, so sicher ist eines: Eine vollkommen gnadenlose Welt ist die Hölle.

Sekte

Sekte ist ein Schimpfwort: Abspaltung, Auswurf – gemünzt auf die, die sich von der Wahrheit absondern, an der man selbst festhält. Sektierer (=Häretiker) sind immer die andern. Und es sind kleinere Gruppen. Stets hat man Minderheiten so bezeichnet, die sich von einer Mehrheit trennten. Darin schwingt mit: Die Wahrheit liegt bei der Mehrheit. Sie hat die Macht, folglich das Recht, denen, die nicht mitmachen, besagten Schimpfnamen anzuhängen.

Logisch gesehen ist eine Trennung immer beidseitig: die des Krümels vom Brot ist auch die des Brots vom Krümel. Aber die Wahrnehmung geht einseitig nach Größe, Gewicht, Macht und hat eine Sprachregelung etabliert, welche immer nur das Kleinere vom Größeren, das Glied vom Körper, das Individuum vom Kollektiv abgespalten sein läßt, nie umgekehrt. Erst wenn sich das Größen- und Machtverhältnis verschiebt, wechselt die Terminologie. Das Christentum begann als winzige jüdische Sekte, der Protestantismus als christliche. Nichts als die Tatsache, daß sie groß und mächtig wurden, bescherte ihnen die Anerkennung als eigener Religion bzw. Konfession.

Minderheiten, die sich von Mehrheiten absondern, halten *sich* natürlich nie für Sekten. Nicht sie haben sich von der Wahrheit abgespalten, sondern die gedankenlosen, von Machthabern verführten Vielen. Die sind eigentlich die Sektierer und werden nur wegen ihrer Überzahl nicht so genannt. »Viele sind berufen, wenige auserwählt« ist das Motto, das die wenigen ihnen entgegenhalten.

Wer darin ausschließlich Anmaßung argwöhnt, verkennt, welcher Kühnheit es einst bedurfte, um auf den Gedanken zu kommen, daß Mehrheit und Wahrheit zweierlei sind – ebenso wie Macht und Wahrheit. Als Amos den israelischen Oberen vorhielt, den Willen Gottes zu schänden statt zu verkörpern; als Sokrates Athens geheiligte Sitten und Gebräuche der Unheiligkeit überführte; als Jesus die jüdische Gesetzestreue durch die Forderung der Feindesliebe erbleichen ließ; als Marx die modernen Ideale der Freiheit, Gleichheit, Brüderlichkeit als Masken der Unterdrückung und Ausbeutung bloßlegte: da stellten sich einzelne gegen ein Volk, eine Kultur, eine ganze Gesellschaft und ließen sie wissen: Das, worauf ihr eure Macht gründet, spricht gerade gegen sie. Sie ist grundlos, unberechtigt, unwahr.

Wer so spricht, nimmt selbstredend Wahrheit für sich in Anspruch – nicht irgendeine, sondern die höchste. Das, was ihm als solche gilt, mag blauer Dunst oder zutiefst fundiert sein – jedenfalls ist es ihm wertvoller als alle physische Macht: etwas *Meta*physisches, wodurch er sich *aus* der Menge herausgehoben und *zu* ihr gesandt fühlt. Er ist keiner von ihr – und dadurch fähig, für die Leidenden und Unterdrückten in ihr zu sprechen. Nur aus dem Schutz eines sicheren Erwähltheitsgefühls heraus haben einzelne und Minderheiten angefangen, gegen die herrschende Macht und für die Ohnmächtigen zu optieren, und bis heute ist niemand dazu imstande, wenn ihn nicht wenigstens ein Hauch von Elite- und Sendungsbewußtsein beflügelt. Deshalb liegen Hochmut und unbestechliche Kritik so dicht beieinander. Ohne das Gefühl, etwas Besseres zu sein als das Gros, kommt es zu kritischen Gedanken erst gar nicht. Ohne sie freilich wird aus dem Gros nichts Besseres.

Daraus erklärt sich das gespannte Verhältnis des Sektierers zur eigenen und fremden Ohnmacht, die er repräsentiert. Klar, es soll nicht bei der Ohnmacht bleiben. In den Ohnmächtigen soll die Wahrheit mächtig werden und die Mächtigen, die sie vortäuschen, entmachten oder zumindest von ihrer Täuschung kurieren. Nicht, daß die Erniedrigten, Beleidigten und Ausgestoßenen schon deshalb im Besitz der Wahrheit wären, weil die Mächtigen und Saturierten es nicht sind; aber sie werden ihr doch einen Schritt näher vermutet, weil sie nicht durch Machtkalkül und Besitzstandswahrung von ihr abgelenkt sind. Daß Ohnmacht den Kopf eher freimacht als vernagelt, daß Leiden in letzter Instanz mehr läutert als verhärtet, eher Großzügigkeit, Mitleiden, Solidarität bewirkt als Verbitterung, Verstockung, Neid: darauf hat von den oben genannten Sektierern Amos, Sokrates, Jesus, Marx jeder auf seine Weise gesetzt. Und niemand, den der Gedanke an eine Besserung der menschlichen Verhältnisse noch ernstlich bewegt, kann ganz aufhören, darauf zu hoffen.

Derart für die Ohnmächtigen sprechen heißt freilich Großes von ihnen erwarten. Von ihnen soll die Gesamtbesserung ausgehen und alle andern anstecken, weil sie, gezwungen durch ihre soziale Lage, am ehesten die Disposition zum Besseren haben. Ob allerdings das, was ihre Fürsprecher da von ihnen erhoffen, auch das ist, was sie selbst wollen, steht dahin. Es geht wie im familiären Erziehungsprozeß. Ein Kind, von dem nichts erwartet wird, wird nicht geliebt und hat nichts, woran es emporwachsen kann. An zu hohen Erwartungen hingegen scheitern Kind und Erzieher. Entsprechend kann das Eintreten für Ohnmächtige und Unterdrückte der erste Schritt zu ihrer Befreiung sein, aber auch zu ihrer Unterwerfung unter ihnen fremde Erwartungen, selbstlose Hingabe, aber auch selbsternanntes Führertum; und wo das eine anfängt und das andere aufhört, ist fast unmöglich ganz exakt zu bestimmen. Man versuche nur einmal, Jesus und Paulus, Luther und Müntzer, Lenin und Luxemburg ohne Rest auf das eine oder andere zu verrechnen.

Daß alle Aufklärung und Freigeisterei eben das Sektierertum zur Wurzel hat, aus der auch reichlich Indoktrination und Fanatismus gesprossen sind, und damit stets in der Gefahr schwebt, die Züge dieser unangenehmen Verwandten anzunehmen – das hört kein Aufklärer gern. Aber es hilft nichts: Noch die scheinbar so abgeklärten Postmodernen, die sich über die Blauäugigkeit aufklärerischer Menschheitsbeglückung lustig machen, was wollen sie? Ihren Mitmenschen Aufklärung über eine Illusion bringen, in der sie befangen sind. Auch in ihnen ist noch ein Funke jener Schwärmerei, die die Menschheit bessern will: ein verleugneter Rückstand des verabscheuten Sektierertums.

Dessen Reichweite ist nicht zu unterschätzen. Seine erste historische Erscheinungsform ist der Bußprediger, der im Namen der Gottheit, von der er sich erwählt fühlt, gegen eine korrupte, das Volk unterdrückende und verführende Oberschicht wettert und das Kollektiv, von dem er sich abgespalten hat, zur Umkehr auf den rechten Weg aufruft, den er durch die strenge, meist asketische Lebensweise, die er sich und seinen Getreuen abverlangt, vorzeichnet. Er stellt die vorkritische Gestalt des Sektierers dar. Gilt ihm die herrschende politische Macht auch als die unwahre, so die Wahrheit doch als höhere, daher in letzter Instanz siegreiche göttliche Macht. Wahrheit und Macht sind ihm zwar schon zweierlei, aber noch undenkbar, daß die Wahrheit *keine* Macht haben – untergehen könnte.

Wo dieser Gedanke dämmert – und dies geschah erst in der Moderne – da tritt das Sektierertum in seine kritische Phase. Sukzessive verliert es die Gewißheit, im Schutz einer höheren Macht zu stehen. Seine Sache kann schiefgehen und hängt nur davon ab, daß möglichst viele, die an den bestehenden Verhältnissen leiden, deren ganze Unwahrheit erkennen. Der Bußprediger wird kritischer Analytiker. Gegen die herrschende Macht wettern genügt nicht; es gilt, ihre Irrationalität mit unwiderleglichen Argumenten aufzuweisen. Wahrheit reicht so weit, wie dieser Aufweis gelingt und Resonanz findet. Etwas »Höheres«, Metaphysisches ist sie dabei nicht mehr auf den Kredit eines höheren Wesens, sondern nur noch in dem Maße, wie sie etwas »Niederes«, Physisches geworden ist: ein in Fleisch und Blut übergegangenes, nahezu triebhaftes Nicht-anders-Können als sich gegen das absurde Mißverhältnis von rationalen Mitteln und irrationaler Gesamtstruktur der modernen Gesellschaft zu sträuben.

Selbst in dieser kritischen Phase jedoch, wo der Bußruf zur gottgeleiteten Umkehr in den Aufruf zur vernunftgeleiteten Revolution überging und deren Gelingen durch massenhafte Bereitschaft zu ihr ja für einige Jahrzehnte durchaus in den Bereich des Möglichen rückte, fiel es auch den kritischsten Geistern unendlich schwer, überhaupt nicht mehr an etwas Höheres zu appellieren. Das Gefühl, durch die Gunst der Umstände, heiße sie auch Zufall statt Gott, mit der Offenbarung von Wahrheit beauftragt zu sein, und die Sehnsucht, sie möge durch etwas Höheres, sei es die Eigendynamik der Geschichte oder den Rettungsdrang der Erniedrigten und Beleidigten, bestätigt werden, hat auch Köpfe vom Format eines Marx oder Nietzsche, einer Luxemburg oder eines Benjamin nicht ganz losgelassen. Das ist nichts Ehrenrühriges, solange das Offenbarungsbewußtsein und Bestätigungsbedürfnis nicht überschnappt und sich an Gottesworte und Parteibeschlüsse hängt, statt sich vor der einzigen für es zuständigen Instanz zu verantworten: dem ungegängelten Vernunftgebrauch. Eine Wahrheit, die nicht offenbar und bestätigt werden will, ist keine. Aufklärung, die jeglichen Wahrheitsanspruch als unwahr »dekonstruieren« will, zerstört sich selbst und hilft die nachkritische Phase des Sektierertums etablieren, die mit dem Fall des Ostblock-Sozialismus zum allgemeinen gesellschaftlichen Zustand zu werden droht.

Die Kirchen haben ihn in den 20er Jahren schon vorexerziert, als sie sich zur ökumenischen Bewegung zusammenschlossen: nicht aus einem Anfall von Toleranz und Menschlichkeit, sondern weil es in einer vom Atheismus bedrohten Welt vorteilhafter wurde, zusammen- als gegeneinanderzuarbeiten. Daß das ein Fortschritt war, steht außer Frage. Dennoch sprechen die Fremdwortungeübten, die notorisch ökumenisch und ökonomisch verwechseln, eine tiefe Wahrheit aus: Wie konkurrierende Firmen in einem Unternehmerverband ihre gemeinsamen Interessen organisieren und die divergierenden gegeneinander abgrenzen, so auch die konkurrierenden Glaubensgemeinschaften. Jede ist der andern Sekte, aber keine darf mehr so genannt werden. Nur der Klientel wird der eigene Glaube noch als der wahre präsentiert. Untereinander spart man dieses Thema aus. Nur wer nicht zum Interessenverband gehört, ist freigegeben. Kirchen pflegen sich heutzutage Sektenbeauftragte zu halten, als seien sie selbst etwas anderes als Sekten. Ihre Würdenträger warnen mit sorgengefalteter Stirn vor den Gefahren des Fundamentalismus, als sei ihre eigene Lehre, die sie nicht minder auf göttlichen Ursprung zurückführen als irgendwelche Pfingstprediger, über jeglichen Fundamentalismus erhaben. Das ist simple Arroganz der Macht, die die Privilegien vergangener Zeiten in das zu übersetzen weiß, worauf es heute ankommt: Marktvorteile. Wo die schrumpfen, sind auch jene altehrwürdigen Religionsgemeinschaften, die von andern als Sektengefahr sprechen, sich nicht zu fein, zu reagieren wie jedes Unternehmen in der Krise: Sie stecken Millionen in Werbekampagnen.

Die ökumenische Bewegung der Kirchen hat längst vorexerziert, was man heute Kommunitarismus nennt. Welcher Gemeinschaft man zugehört, ist sekundär, wenn überhaupt nur einer, die einen moralisch aufrüstet: Verein, Partei, Religionsgemeinschaft. Deren Prüfstein ist der Sinnmarkt. Dort präsentieren sie ihr Angebot, das jeweils so wahr ist wie die Nachfrage nach ihm. So übt sich Demokratie ein. Deren Skepsis gegen alle unbedingte Wahrheit merkt nicht, wie dogmatisch sie ist. Wenn niemand mit Sicherheit sagen kann, was wahr ist, so gilt, was die Mehrheit für wahr hält. Wer sie auf seine Seite bekommt, hat recht, und je größer die Medienmacht, desto einfacher geht das. So wird in der nachkritischen Phase des Sektierertums mit modernsten Mitteln die Trennung von Macht und Wahrheit zurückgenommen, die in der vorkritischen Phase zaghaft begonnen hatte.

Apokalypse

Viele glauben, Apokalypse heiße Weltuntergang; ein undeutliches Bild von Rauch, Fetzen, Trümmern, Blut läßt das Wort in ihnen aufsteigen. Doch das griechische *apokalypsis* heißt Offenbarung, und die wird heute kaum mehr mit Weltuntergang in Verbindung gebracht. Daran sieht man, wie fern uns die Denkweise einer Zeit liegt, in der erstmals Apokalypsen geschrieben wurden. Sie entstammen dem geistigen Boden, aus dem auch das Christentum hervorgegangen ist, sind Werke einer Verzweiflung, die seit dem zweiten vorchristlichen Jahrhundert im jüdischen Volk umging, als ihm sein kostbarstes Gut, das es eine jahrhundertelange Leidensgeschichte hindurch eisern festgehalten und kultiviert hatte, zu entgleiten drohte: die Verheißung des Landes, wo Milch und Honig fließt.

Daß das empirische Palästina, schon damals ein erbittert umkämpftes Terrain, worin eher Blut als Milch und Honig floß, das gelobte Land nicht war, hatte man zwar geschluckt, aber daß am Ende alles gut werde, daß Gott den entbehrungsreichen Gang seines Volkes schließlich in einen Zustand des Friedens und der Fülle einmünden lassen werde, wo immer sich dieses »Land« befinden mochte, war gleichwohl der Gedanke geblieben, an dem sich die jüdische Identität aufrichtete. Bis auch den vergebliches Warten und Hoffen von Generationen zu zermürben anfing. Wie, wenn die Geschichte, die so gar keine Anstalten machte, sich aufs gelobte Land zuzubewegen, von vornherein so angelegt war, daß sie dahin gar nicht führen konnte? Dann war die göttliche Verheißung blauer Dunst – es sei denn, die Geschichte laufe auf einen äußersten Katastrophenpunkt zu, an dem die Welt sich umkehrt: das Unterste zuoberst, das Innere nach außen, der Horror der Gerechten in ihre Rettung.

Genau mit der Imagination eines solchen welthistorischen Wendepunkts beginnt die spezifisch apokalyptische Schriftstellerei. Sie ist die erste Revolutionstheorie. Daß die Akteure dieser Revolution andere als Gott, seine Engel und Heerscharen sein könnten, liegt noch außerhalb des Gesichtskreises. Menschen figurieren als ihre Objekte und sind bestenfalls ihre wissenden Zuschauer: eben Apokalyptiker. Die aktuellen Kriege, Hungersnöte, Seuchen deuten sie als eine Etappe im ständig zum Schlechteren fortschreitenden Gang der Dinge, als Vorformen größerer Greuel und damit als Vorboten jener *katastrophe* (wörtlich übersetzt: Wendung), in der die Natur außer Rand und Band gerät und das Entsetzen auf den Gipfel kommt. »Da wird plötzlich die Sonne bei Nacht erscheinen und der Mond am Tage. Von Bäumen wird Blut träufeln, Steine werden schreien« (4. Esra 5,4 f.).

Die Vorstellungen, die die Apokalyptiker (fast alle schreiben pseudonym, leihen sich große alte Namen wie Mose, Jesaia, Daniel etc.) von den Endzeitwirren haben, sind kaum weniger wirr als diese Wirren selbst; Phantasien einer Entscheidungsschlacht gegen die Scharen des Bösen und einer sich in Qualen windenden Natur gehen ineinander und durcheinander – und haben doch einen klaren gemeinsamen Grundgedanken: Die äußersten Furchtbarkeiten dieser Welt sind die Geburtswehen einer guten neuen. Wo der Horror am größten, ist die Rettung am nächsten – zumindest für die, die sich nicht haben korrumpieren lassen. Ihnen wird in dem Moment, wo die Dinge sich aufs Ende hin zuspitzen, eine besondere, der großen Masse verborgene *apokalypsis* (Offenbarung) zuteil, damit sie auch in der letzten Phase nicht daran irre werden, was den Gerechten verheißen ist.

»Wer ein Warum zu leben hat, erträgt fast jedes Wie«, heißt es bei Nietzsche. Die Apokalypsen sind die verzweifelte Anstrengung, ein jahrhundertealtes Warum und Wozu vor dem Zerfall zu bewahren. Jede alltägliche Überlegung und Verrichtung hat ja ihr kleines Warum und Wozu, das sie braucht wie der Körper die Luft zum Atmen. Menschliches Denken ist notorisch-unheilbar ziel- und zweckgerichtet, und aus dieser seiner Unheilbarkeit hat das Judentum seine spezifische Vorstellung von Heil entwickelt. Die kleinen Ein- und Alltagszwecke verlangen ihrerseits nach einem Gesamtzweck, einem guten Ende, auf das die Geschichte hinausläuft und das sie in ausgezeichneten Momenten vorscheinen läßt. Geschichte nicht als Immergleiches, sondern als Chance der Entfaltung humaner Kräfte bis zu ihrem Optimum: dies moderne Verständnis von Geschichte als Prozeß hat sein Urbild in der Vorstellung des gelobten Landes.

Die Apokalyptik gibt das Urbild der Anfechtung, die diesem Prozeßgedanken blüht: Was ist, wenn der Gesamtzweck, auf den die kleinen Ziele und Zwecke des Alltags ausgerichtet sind, sich verflüchtigt? Wenn die notorische Ziel- und Zweckgerichtetheit des menschlichen Denkens und Tuns nicht durch ein gutes Ende befriedigt und gerechtfertigt wird, sondern leerläuft? Dann ist die Krise da, die die antiken Apokalyptiker durch den Gedanken der Weltrevolution abzuwenden versuchten – und die in der Moderne epidemisch und durch keine Revolutionsanstrengung aufhaltbar geworden ist. Die bürgerliche Gesellschaft, die wie keine zuvor den Fortschritt als eine aus Unmündigkeit und Unwissenheit hinausführende Kraft erwies, hat sich zum Fortschritt auf Teufel komm raus verhärtet. Ihre Maschinerie läuft, um nicht stillzustehen, produziert, um zu produzieren und vermehrt dabei ständig das Destruktionspotential ihrer selbst.

Es gibt Gedanken, die der Zuwachs menschlichen Wissens als unwahr enttarnt; es gibt aber auch welche, die er erst wahr *macht*. Daß Vier die Zahl der Naturelemente und eines davon der Grund aller Dinge sei, war bei den Vorsokratikern fortgeschrittenster Wissenschaftsstand und ist heute als Aberglaube offenbar. Daß die Welt auf ihr katastrophales Ende zulaufe, war bei den Apokalyptikern eine spinnerte, durch keine wissenschaftliche Beobachtung gestützte Phantasie – und ist heute wahrer denn je. Die Menschheit hat sich das Wissen und Können erworben, um zumindest sich selbst mit einem Schlag auszurotten. Nur daß die alten apokalyptischen Bücher in dem Maße, wie ihr Inhalt machbar geworden ist, ihren tröstenden Sinn verlieren: den in allem Elend verborgenen Rettungsratschluß zu offenbaren. Die jüdischen Apokalyptiker konnten sich noch sagen: Was wir durchmachen, ist noch längst nicht das Schlimmste, und das Schlimmste wird der Umschlag ins Beste sein: die von Gott selbst veranstaltete Weltrevolution.

Daß aber die Zündung aller verfügbaren Atomsprengköpfe die neue, selige Welt der Geretteten herbeibomben werde, wagen nicht einmal die kühnsten Theologen zu behaupten. Die Schreckensmeldungen und -bilder von heute haben nichts mehr in der Hinterhand; lächerlich, in ihnen Gottes Wink, die Geburtswehen seines Reiches zu sehen, wenn man doch weiß, daß sie integraler Bestandteil des industriell produzierten Alltags sind. Die Apokalypse offenbart nichts Höheres mehr, ist auf die pure Horrorvision (vielfach Television) ihrer selbst reduziert – und die Unfähigkeit, vernünftig damit umzugehen.

»Apokalypse-Blindheit« hat Günther Anders diese Unfähigkeit genannt. »Durch unsere Technik sind wir in eine Situation geraten, in der wir dasjenige, was wir herstellen und was wir anstellen können, nicht mehr vorstellen können.« »Schon zwanzig Tote sagen uns, mindestens unserem Gefühl, nicht mehr als zehn Tote.« »Vor dem Gedanken der Apokalypse aber streikt die Seele. Der Gedanke bleibt ein Wort.«[1] Das individuelle Gefühl ist dem realen Ausmaß des Schrecklichen nicht entfernt mehr gewachsen. Das Sensorium für die Gefahr fällt aus, was sie nur gefährlicher macht, und jene wenigen lichten Momente, in denen man weniger über die Gefahr selbst erschrickt als über das emotionale Mißverhältnis zu ihr, vermag niemand auf Dauer zu stellen. Anders' Entdeckungen erschienen vor vier Jahrzehnten, vor zweien die *Grenzen des Wachstums* des Club of Rome, der Ruf, es sei fünf vor zwölf, schwoll an zu einem Chor von Warnern und Mahnern – und hat die

1 G. Anders, Die atomare Drohung, München, 5.Aufl. 1986, S. 73; ders., Die Antiquiertheit des Menschen, Bd. I, München 1956, S. 269

Menschheit nicht nachhaltig beeindruckt, es sei denn subkutan, in der Herausbildung zweier einander scheinbar entgegengesetzter Immunisierungsstrategien.

Die eine, »höhere«, markiert eine über alle Sensations- und Panikmache erhabene Besonnenheit, kommt mit dem Gestus daher, bis auf ein unerhebliches Restrisiko alles im Griff zu haben, oder naserümpfend über den »neuerdings erhobenen apokalyptischen Ton in der Philosophie« (Derrida), der verkenne, daß das Apokalypseproblem »immer schon« bestanden habe. Die andere, »niedere«, ist eine Art Flucht nach vorn: Gier nach Horrorszenen. Nachrichtensendungen und Spielfilme, in denen keine vorkommen, werden zunehmend empfunden wie Suppe ohne Salz: als fad. Vorbei die Zeiten, wo die Aura des Schönen und die Gaukelwelt der Reklame Hauptbetäubungsmittel gegen die ungeschminkte Wirklichkeit waren. Gegen deren Schrecken impft man sich zunehmend mit audiovisuellem Horrorkonsum, bei dem man alles miterlebt und doch mit »heiler Gänsehaut« (Ulrich Horstmann) davonkommt.

In dem Maße, wie nur so etwas noch in Bann schlägt, als authentisch und lebendig empfunden wird, zeigt sich, wie wenig die Zeitgenossen ihr Leben noch als ihres und als echtes Leben wahrnehmen. Die audiovisuelle Apokalypse-Gier belehrt darüber, wie weit es als enteignetes Verstreichen erlebt wird. Horrorszenen werden zu erfüllten Augenblicken einer leeren Zeit, erscheinen weniger als das, was einem selbst blühen kann, denn als das, was punktuell von dem *horror vacui* erlöst, der im mechanischen Druck auf den Einschaltknopf in seine typische Handbewegung übergeht. Dieser Horror ist ein Alpdruck, der in dem Maße wächst, wie das Gefühl taub wird für die wirklich großen Schreckensereignisse; er ist geräusch- und bilderlos, hat nichts, woran man sich festhalten, was man benennen, wovon man Distanz gewinnen könnte. Er ist nicht zu verwechseln mit der guten alten, von Schopenhauer gemeinten Langeweile, die sich im Zustand der Befriedigung und Untätigkeit gähnend auftut, sondern er stellt sich in jeder Sekunde ein, die nicht durch Geflimmer, Gedudel, Betrieb ausgefüllt ist. Dieselben Zeitgenossen, die zu Bildern aus Ruanda gemächlich ihr Schnitzel kauen, rasten aus, wenn ihr Fernseher kaputt geht oder die Hintergrundmusik ausfällt. Ihr Hunger nach Horror um sie herum ist Abwehrversuch eines Horrors, der näher sitzt und enger schnürt als jedes Hemd. Ihre Apokalypse-Gier ist die fortgeschrittenste Form ihrer Apokalypse-Blindheit.

Müßig, sie daraus mit neuen, stärkeren Horrordosen aufrütteln zu wollen. Zur Besinnung kommen können sie allenfalls an jenem Punkt, wo sie bei all ihrer audiovisuellen Abgebrühtheit feinfühlig wie die Prinzessin auf der Erbse werden: wo der *horror vacui* aufzusteigen droht. Auf diesen Punkt war Nietzsches »Wer ein Warum zu leben hat, erträgt fast jedes Wie« gar nicht in erster Linie gerichtet. Er meinte vornehmlich das dumme religiöse Schlachtvieh, das, solange es seinen Gott oder Götzen für bare Münze nimmt, zu enormen Opfern und Entbehrungen bereit, aber auch fähig ist. In dem Maße freilich, wie solch ein Leib und Seele zusammenhaltendes Warum zerfällt, schwindet nicht nur die Bereitschaft zur Entbehrung, sondern auch die Fähigkeit – und das religiöse Schlachtvieh erweist sich rückwirkend als schlau: Es wußte die seelenökonomische Kraft des Warum zu nutzen, es ahnte, daß wer gar kein Warum mehr zu leben hat, auch fast gar kein Wie mehr erträgt – und jenen modernen Sozialcharakter ergibt, der nichts entbehren, sich für nichts krumm legen will, weil er nicht einsieht, warum, und dem sich noch die bemerkenswertesten Gedanken, Taten, Erlebnisse zu Banalitäten entwerten, weil er nicht mehr spürt, wofür sie gut sein könnten. Sein Leben entleert sich, wie voll sein Terminkalender auch sei, und dieser Leere nicht inne zu werden, ist die unablässige Anstrengung seiner leiblich-seelischen Organisation – jener allgegenwärtig-ungreifbare Dauerstreß, der Medizinern und Psychologen so viele Rätsel aufgibt und das alltäglich gelebte Kleinformat des apokalyptischen Horrors darstellt, der in seinem audiovisuellen Großformat niemanden mehr ernstlich anficht.

Kein Zweifel, die moderne Gesellschaft *ist* apokalyptisch, nicht nur in dem Sinne, daß jeden Moment das Damoklesschwert der apokalyptischen Vernichtung über ihr schwebt, sondern auch in dem, daß sie, wenn sie fortdauert, auf lange Sicht nur eine Wahl lassen wird: die zwischen Fundamentalismus und Nihilismus. Und die Option für ersteren wird immer weniger intellektuelle Entscheidung als psychohygienisch-medizinische Notwendigkeit sein: Entweder man klammert sich, um sich belastbar und leistungsfähig zu halten, an irgendein höheres Warum, egal, ob es vernünftiger Prüfung auch nur ein Augenblick standhält – oder man verfällt der Perspektivlosigkeit einer Gesellschaft, deren Fortschritt einer auf nichts hin ist, keine Erwartungen mehr weckt und nicht nur jede Entbehrung, sondern schon das normale Alltagsgrau unerträglich macht. Die Hypersensibilität von Gefühllosen ist das psychophysische Merkmal des apokalyptischen Zustands.

Was aus ihm hinausführen könnte, kann heute niemand mehr sagen. Das Heilmittel, das die antiken Apokalyptiker in ihrem theologischen Leichtsinn zu wissen glaubten, wagt man heute kaum mehr hinter vorgehaltener Hand zu nennen: die Weltrevolution. Prinzipiell ist auch die, wie der kollektive Untergang, in der Neuzeit für Menschen machbar geworden. Nur klaffen in ihr Möglichkeit und Wirklichkeit bis zur Unüberbrückbarkeit auseinander. Den Untergang können ein paar Knopfdrücke besorgen. Die Weltrevolution bedürfte der Selbstüberwindung zu einem globalen Massenzusammenschluß, auf den nichts hindeutet und für den alles spricht. Sind die gegenwärtigen Katastrophen auch nicht die Geburtswehen der Rettung, so sind sie gleichwohl der ebenso ohnmächtige wie kategorische Imperativ zur Umwälzung, der genausowenig falsch dadurch wird, daß er auf taube Ohren stößt, wie der Reim »Alle Räder stehen still, wenn dein starker Arm es will«.

Denn fest steht eines: Der apokalyptische Zustand wird mindestens solange andauern wie die moderne warenproduzierende Gesellschaft, deren Markt- und Konkurrenzmechanismen ihn mit innerer Konsequenz hervorgetrieben haben. Nicht, daß die gegenwärtige Welt noch als die beste aller möglichen ausgegeben würde. Aber wenn sie als Welt ohne Alternative erscheint, ist sie dann nicht *so gut wie* die beste, nach dem Motto »Diese Hose ist zwar nicht meine beste, aber meine einzige«? Schon die Tatsache, daß die bestehende Gesellschaftsformation, deren technisch-kulturelle Errungenschaften nach einer andern Nutzung als der praktizierten geradezu schreien, in aller Selbstverständlichkeit für weniger absurd gehalten wird als die Revolutionierung ihrer kapitalistischen Grundstruktur, spricht Bände. Sie dankt sich simpelster Machtvergötzung: Was herrscht, hat Autorität, woraus nichts wurde, das taugt auch nichts; vergiß es. Solange dies Vergessen die Oberhand behält, ist gegen die Apokalypse-Blindheit nicht aufzukommen.

Versöhnung

Heinrich und Thomas Mann haben sich verkracht und schließlich versöhnt. Die letzten russischen Truppen sangen zum Abschied »Deutschland, wir reichen dir die Hand«, und die Leitartikel priesen die Versöhnung, die nun an die Stelle der Besatzung getreten sei. Sich versöhnen heißt einen Streit beilegen, zu einem friedlichen Ausgleich kommen: zwischen einzelnen, Gruppen oder ganzen Völkern.

Noch einen Schritt weiter, und der Begriff gewinnt eine kosmisch-theologische Dimension. Gott habe »in Christus den Kosmos mit sich versöhnt« (2 Kor 5,19), behauptet der Apostel Paulus und meint damit: Der Riß, der seit dem Sündenfall durch die Natur geht und macht, »daß die gesamte Schöpfung bis jetzt seufzt und in Wehen liegt« (Röm 8,22), sei nun geheilt – jener Riß, der mit dem Essen vom Baum der Erkenntnis entstand: durch das Entspringen des menschlichen Geistes aus der Natur. Der Geist ist schuld an dem Riß, und sein Tun bringt ihn nicht wieder weg.

Daher, so der Apostel, habe Gott seine Heilung in Gestalt seines Sohnes persönlich vorexerziert und allen zugedacht, die sie als solche begreifen. Paulus schwankt allerdings: War die vorexerzierte Versöhnung schon die ganze, nur daß sie noch zur Bewährung ausgesetzt ist, um am jüngsten Tag richtige Gesinnung und gutes Betragen reichlich zu belohnen? Oder war sie eine »Anzahlung« (2 Kor 5,5) – Einleitung eines von Menschen voranzutreibenden, den kosmischen Riß ständig verringernden Versöhnungswerks, auf das dann der jüngste Tag nur den Gott vorbehaltenen I-Punkt der Vollendung setzen werde? Um diese zwei Versionen taumelt bis heute aller Theologenstreit um Versöhnung: Wenn sie noch aussteht, was *ist* sie dann? Eine erfüllte Realität, die sich nicht gibt, oder ein Versprechen, das sich nicht erfüllt? In beiden Fällen ist sie ein ungelegtes Ei und Theologie das wissenschaftliche Unternehmen, es als gelegt zu erweisen.

Wenn Theologen ihre Begriffe interpretieren, geht es oft, wie wenn Künstler ihre Werke deuten: schief. Treten wir daher einen Schritt zurück an den Ort, wo der Versöhnungsbegriff eigentlich zu Hause ist: auf den Marktplatz. Die friedliche Ausgleichung, die das griechische *katallagé* bedeutet, ist zunächst einmal die des Tauschs. Daß man mit anderen, statt sie zu berauben, übereinkommt, ihnen für die Gebrauchsgüter, die man gern von ihnen hätte, entsprechende Gegenleistungen zu erbringen, gehört zu den größten kulturellen Errungenschaften. Tausch funktioniert nicht ohne Verständigung und Übereinkunft; er läßt das Kriegsbeil begraben und Frieden beginnen.

Daß man in der modernen Tauschgesellschaft so wenig davon spürt, liegt an seiner Kehrseite. Weil jeder um seines Vorteils willen tauscht, birgt jeder Tausch die Gefahr der Übervorteilung. Jeder, der tauscht, muß aufpassen, daß er nicht zu schlecht wegkommt, daß nicht Ungleichwertiges zu seinen Ungunsten gleichgesetzt wird. So ist der Tausch auch die Sphäre des argwöhnisch prüfenden, messenden und wägenden Blicks: der rationalisierten und domestizierten Feindseligkeit. Deren ganze Tragweite zeigt sich dort, wo die Tauschenden nicht *etwas* feilbieten, sondern *sich selbst*, weil sie nur so überleben können. Ihre Person und Arbeitskraft ist nun Gegenstand des messend-wägenden Blicks wie sonst ein paar Schuhe oder ein Stück Vieh, und bei deren notgedrungenem Verkauf übervorteilt werden ist nicht nur irgendein schlechtes Geschäft, sondern ein die ganze soziale Stellung der Person bestimmender Akt. Durch ihn werden in der modernen Gesellschaft Herrschaft und Ausbeutung vertraglich besiegelt – und geleugnet, da sie nicht ohne Einverständnis der Beherrschten und Ausgebeuteten stattfinden. Die werden ja nicht in Handschellen zur Unterzeichnung des Arbeitsvertrags gebracht.

Der Tausch arbeitet mit doppeltem Boden: Gerechtigkeit und friedliche Ausgleichung sind seine Oberfläche, Feindseligkeit, Übervorteilung, Herrschaft sein Untergrund. Er verspricht viel mehr als er bietet. Nicht, daß er gar nichts böte: Es gibt keine Gerechtigkeitsvorstellung, die sich nicht am Tausch orientierte, aber das strikte Vergelten von Gleichem durch Gleiches ist deshalb noch längst nicht immer gerecht. Keine Versöhnung kann ohne friedlichen Ausgleich verschiedener Geltungsansprüche sein, aber solcher Ausgleich ist deshalb noch nicht die ganze Versöhnung. Und als Paulus den zwielichtigen Marktbegriff *katallagé* theologisch auflud, schwebte ihm die ganze vor: eine friedliche Ausgleichung ohne Kalkül und Übervorteilung im Weltmaßstab – so, daß das Seufzen der Schöpfung aufhörte.

Daß irdische Wesen dazu nicht in der Lage sein werden, hat schon Paulus gewußt und daraus den kühnen Schluß gezogen: Also kann nur Gott es tun – und hat's schon getan. »An sich« sei der Riß in der Natur alias unsere Schuld bereits getilgt. Und daß wir davon so verdammt wenig merken? Nun, genau dieser Skandal setzt den Zwang zur Rechtfertigung Gottes in Gang, der Theologie heißt und tausend gute Gründe im menschlichen Versagen und göttlichen Heilsplan dafür findet, daß die Welt nach Christus um keinen Deut besser geworden ist als vorher.

Eine in Glaubensdemut daherkommende Bescheidwisserei über nicht Wißbares ist da am Werk. Sie beginnt schon, wo Menschen zu wissen glauben, daß die Welt »Schöpfung« sei: gemacht von einem nur das beste wollenden Gott gleichsam als dessen seliger Resonanzboden und dann verstimmt durch den Riß, den ihm der menschliche Sündenfall zugefügt hat. Womit Gott selbst übrigens mit im Schlamassel steckt. Wenn er die menschliche Korruption seiner Schöpfung nicht über seine guten Absichten siegen lassen, d. h. abdanken will, so ist er gezwungen, selbst die Versöhnung zu leisten, die die Menschen nicht schaffen – und läßt sie dafür büßen: spricht ihnen eine Versöhnung zu, deren Genuß er ins Unabsehbare hinausschiebt.

Das ist der ungenannte Subtext wechselseitigen Ressentiments, der zum vielerzählten Mythos von der göttlichen Versöhnungstat gehört wie der Untergrund zur Oberfläche. Im Bann dieses Mythos ist der Versöhnungsgedanke verhext: unterlaufen vom Gegenteil dessen, was er eigentlich bedeuten will. Das Korsett des Rechtfertigungszwangs Gottes schnürt ihm seinen eigenen theologischen Atem ab. Den kann er erst schöpfen, wenn er von der haltlosen Gewißheit eines zwischen Paradies und Seligkeit eingespannten Weltlaufs abgelöst wird. Sein Wahrheitsgehalt kann sich erst entfalten, wenn klar wird: Er ist nichts als eine Idee, deren volle Verwirklichung nicht im Bereich des Menschenmöglichen liegt, keinen überirdischen Garanten hat und als Fluchtpunkt allen Denkens und Handelns gleichwohl nicht wegfallen darf.

Der Versöhnungsgedanke hat etwas, was man von einem theologischen Begriff am wenigsten erwarten mag: die ins Kosmische projizierte Struktur erfüllter menschlicher Vernunft. Vernünftig denken heißt Begriffe, Urteile, Schlüsse stimmig, ohne jeden Schnitzer an- und ineinanderfügen. Die Vermeidung des Widerspruchs ist das Grundgesetz des Intellekts und gilt nicht nur nach innen, für seine logischen Operationen, sondern auch nach außen: für sein Verhältnis zur physischen Welt. Denn auch ein Wahnsystem kann in sich logisch gebaut sein – ausgehend von einer haltlosen Voraussetzung wie daß der Würfel rund ist oder alle Welt mich verfolgt.

Gedanken müssen einen Halt an den Dingen haben, von denen sie handeln, wenn sie mehr sein wollen als Hirngespinste. Die Übereinstimmung des Intellekts mit den Dingen, die er auszudrücken beansprucht, ist daher ein altes, unaufgebbares und doch nie ganz erfüllbares Wahrheitskriterium. Denn was heißt schon Übereinstimmung. Gedanken geben die Dinge nie so wieder, wie sie sind, sondern immer in abstrakter, verblaßter, schematisierter Form. Von wieviel tausend Eigenheiten und Eigenschaften muß schon ein so einfacher Begriff wie Baum absehen, um die Vielfalt verschiedener Bäume unter sich zu befassen. Die Übereinstimmung von Begriff und Sache ist nie die volle, aber der »Trieb« der Vernunft, ihre innere Gesetzmäßigkeit, die sie zur Vermeidung des Widerspruchs antreibt, wäre erst befriedigt bei voller Übereinstimmung mit der Gesamtheit der

Welt, in der sie sich befindet. Trieb zur Vermeidung des Widerspruchs heißt weitaus mehr als Drang zu korrekten logischen Operationen, nämlich Sehnsucht nach Heilung des »Risses«, der tatsächlich in der Welt ist, seit es Geist gibt und macht, daß seine abstrakten Schemata mit den konkreten Dingen nicht zur Deckung gelangen, daß er mit den physischen Trieben, denen er aufsitzt, nicht in Einklang kommt und mit dem Organismus, dem er einwohnt, nicht zur integralen, unzerstörbaren Einheit verschmilzt, weshalb Verfall, Krankheit, Tod Erfahrungen sind, mit denen er nicht aufhören kann zu hadern, und wenn er sich tausendmal sagt, sie seien »ganz natürlich«.

Dies Hadern aber verrät, daß in ihm selbst das Verlangen nach Abschaffung von Elend und Tod steckt. Er drückt gedanklich aus, was das »Seufzen der Kreatur« unbegrifflich und doch unmißverständlich sagt: Es will aufhören. »Weh spricht: Vergeh! Doch alle Lust will Ewigkeit«, und dies Verlangen, in Logik übersetzt, heißt: Jeglicher Widerspruch soll aufhören. In den seltenen Augenblicken der Lust, der selbstvergessenen Hingabe an eine Person, Sache, Vorstellung blitzt etwas von jener Versöhnung von Geist und Natur auf, die, auf Dauer gestellt, das wäre, was die Theologie ewige Seligkeit nennt.

Zur Selbstaufklärung des menschlichen Geistes gehört die Entdeckung, daß ihm selbst ein unheilbarer theologischer Hang innewohnt: Er kann das Verlangen nach Versöhnung ignorieren, aber er wird es nicht los. Noch in seinen einfachsten logischen Verrichtungen geht es um. Er kann nicht anders als ergründen, erklären, interpretieren,

d. h. in die Vielfalt Einheit, ins Disparate Zusammenhang, Ordnung, Sinn bringen. Sein Tun will, daß die Welt *heil* sei.

Von dieser theologischen Infektion der menschlichen Vernunft wollen die modernen Ungläubigen und Gläubigen gleich wenig wissen. Sie sind Versöhnungspragmatiker, einig in dem Kalkül: Was nützt uns eine Versöhnungsidee, die nicht realisierbar ist? Nichts. Also muß es einen überirdischen Weltversöhner geben, folgern die einen – und tappen in die Falle des theologischen Rechtfertigungszwangs. Also, folgern die andern, schminken wir uns die Weltversöhnung ab und begnügen uns mit dem Machbaren wie etwa der Beilegung von Streit, wo immer es geht, und der Gewährleistung von demokratischen Bedingungen, unter denen Menschen zu zwangloser Verständigung und Einigung gelangen können. Und das wäre, wenn es denn geschähe, enorm viel.

Nur was heißt zwanglos? Es gibt keinen konsequenten Begriff von Zwanglosigkeit und Gewaltfreiheit, der nicht mit dem theologischen der Versöhnung zusammenfiele. Jedes kommunikative Einverständnis, jedes solidarische Miteinander, das die gegenwärtigen Lebensbedingungen gestatten, trägt Spuren der Not, Verletzung, Gewalt, über die es hinausgewachsen ist. Herrschaftsfreie Kommunikation wäre erst, was die Theologen *communicatio idiomatum* nennen: wechselseitige Mitteilung der Eigenarten, will sagen der zu wechselseitiger Hingabe und Durchdringung vertiefte Austausch: Versöhnung. Wer aber nur »annähernd« gewalt- und herrschaftsfreie Verhältnisse erstrebt, der denkt entweder mit, *woran* sie anzunähern sind, nämlich den versöhnten

Zustand, oder er denkt Unsinn: eine mit Unversöhntheit geschlagene Gewalt- und Herrschaftsfreiheit.

Die Idee der Versöhnung ist eine Art Bethlehemsstern der Vernunft. Sie läßt sich nicht ergreifen, aber sie sagt, wo es hingehen soll und ist auf dem Weg dahin von einer Orientierungskraft, die sich vor allem da bemerkbar macht, wo sie zu leuchten aufhört. Dort nämlich beginnt sogleich jene Oberflächlichkeit, die keinen zwischenmenschlichen Ausgleich und Austausch mehr auf seinen ungenannten Untergrund und Hinterhalt mehr ansieht, jede Wechselseitigkeit schon als Fairneß und Gerechtigkeit nimmt, jeden Kompromiß als Versöhnungsakt, jede demokratische Verkehrsform als gewaltfrei, als ob Gewalt erst bei Faust- und Waffengebrauch begänne und nicht schon in dem universalen Tauschzwang der modernen Gesellschaft steckte, als ob Demokratie schon das an sich Gute wäre und nicht ebenso die fortgeschrittenste Verwaltungsform des Weltelends sein könnte. Kein Wunder, daß der gesellschaftstheoretische Diskurs unserer Tage, dessen »methodischer Atheismus« nichts Höheres kennt als Kategorien des Markts und der Demokratie, an der Verbreitung und Verwissenschaftlichung jenes Zwielichts arbeitet, das der Tausch ausstrahlt und das Paulus immerhin ein wenig zu verscheuchen anfing, als er den Marktbegriff *katallagé* zu einem theologischen vertiefte.

Bei alledem ist es, als gäbe es zwischen Atheismus und Theismus eine geheime Verschwörung. So sehr sie einander entgegen sind, so einmütig sehen sie nur zwei Möglichkeiten: Entweder man glaubt an höhere Wesen oder nicht, ist religiös oder ist es nicht. Das ist das Weltbild, an dem sich beide gemeinsam festhalten, und viel irritierender als die Position der Gegenseite ist beiden der Gedanke, dies Weltbild selbst könnte nicht stimmen. Daß die Religion selbst ihre zentralen Begriffe ruiniert, während die Areligiösen viel mehr von deren Scherben unverdaut mitschleppen als sie merken und beide gerade das nicht tun, worauf es ankäme, nämlich den geschundenen Geist darin zu retten: Wer das sagt, geht beiden Seiten auf den Nerv; er mischt sich in ihre inneren Angelegenheiten, die, wie es so schön heißt, »jeder mit sich selbst ausmachen soll«: ob er glaubt oder nicht. Aber sich hier einzumischen ist höchste Zeit. Noch nie hatte das dualistische Weltbild, das die Menschen in religiös und nichtreligiös einteilt, wie wenn es um Raucher und Nichtraucher ginge, so wenig mit der Wirklichkeit zu tun wie heute. Sein Sturz ist überfällig.

Nachwort

Wer eine Serie schreibt, bekommt Leserbriefe, und wenn er sich zur Aufgabe gemacht hat, das dualistische Weltbild, welches die Menschen in religiös und nichtreligiös einteilt, der Untriftigkeit zu überführen, so ist ihm der Unmut derer, die an diesem Weltbild hängen, sicher. Drei Arten gibt es von ihnen.

Erstens die Theisten. Sieht man einmal von den hartgesottenen ab, die Bibelzitate wie Blitze schleudern und mich ob meiner Verirrtheit der christlichen Fürbitte empfehlen (»Nach Gottes Wort ist er ein Blinder, gelähmt – so wie die Elenden, zu denen Jesus immer zuerst kam«), so bleiben die weltoffenen, die mit dem Gestus der Überlegenheit jeden, der über Glaubensinhalte nicht in der Sprache des Glaubens redet, der Unzuständigkeit zeihen. Warum ließ man einen Philosophen diese Serie schreiben statt einen Theologen, der von der Sache wirklich etwas versteht? Weder emotional sei der Autor kompetent (»Von Religion selbst hat er wenig Ahnung. Die Meinung, daß Not und Gewalt Bodensatz des religiösen Gefühls sei, signalisiert den Abstand des Schreibers zwischen dem, was er für Religion hält, und dem, was diese wirklich ist«), noch wissenschaftlich *up to date*: »Müssen wir noch einmal auseinandernehmen, was das ist: glauben? Noch einmal nachholen, daß es ›weder ein rationales Beweisen, noch ein irrationales Fühlen oder ein dezisionistischer Akt des Willens, sondern ein begründetes und in diesem Sinn auch durchaus vernünftiges Vertrauen ist‹, das ›Denken, Fragen und Zweifeln einschließt und zugleich Sache des Verstandes, des Willens und Gemüts‹ ist (Hans Küng in ›Credo‹)?«

Ja, mit solchen Formulierungen mogeln sie sich seit Jahrzehnten durch, die modernen, aufgeklärten, an kritischem Denken so unendlich interessierten Theologen. Ihr Motto: »Wer's nicht erfühlt, der wird es nicht erjagen.« Das halten sie dem Vatikan entgegen, wenn der von ihnen Gehorsam gegen das Dogma verlangt. Dogmen, so argumentieren sie, sind bloß die zeitbedingte sprachliche Fassung einer aller Sprache vorausliegenden, unbedingten Gotteserfahrung. Wer die nicht hat, dem sind dogmatische Formeln bloß toter Buchstabe und klingende Schelle, wer sie aber hat, ist nicht nur frei, sondern auch verpflichtet, sie heute ebenso seiner Zeit gemäß auszudrücken wie die Kirche des vierten christlichen Jahrhunderts der ihrigen, und das heißt: in moderner, alle Fragen und Zweifel einschließender Weise.

An die reklamierte unmittelbare Gotteserfahrung soll weder das Dogma heranreichen, noch die Religionskritik. Gegen sie gilt das gleiche Motto: Wer's nicht erfühlt, kann nicht mitreden, und wo die Religionskritik mitreden kann, hat sie es immer schon mit dogmatischen Formeln zu tun. Sie hat den falschen Adressaten, wenn sie diese Formeln mit dem lebendigen Glauben verwechselt, hegt ein antiquiertes, »im Nazarenerstil koloriertes Gottesbild«, wenn sie einen Beweis für die Existenz Gottes verlangt, wo auf der Höhe der Zeit befindliche Theologie darüber doch längst hinaus ist. Gott beweisen? Das hieße ja, ihn, den Unverfügbaren, in unwürdiger Weise zum Objekt menschlicher Verfügung machen und ihn in logische Kategorien pressen wollen, die er gerade sprengt. Nur wer's erfühlt, wird's erjagen. Mit andern Worten: Glaube ist kein objektivierendes Fürwahrhalten, sondern ein ganzheitlicher, alle Dimensionen und Abgründe menschlicher Existenz umfassender, bejahender Vollzug. Schön gesagt, allerdings auf den Kredit, daß der für unmöglich und unnötig deklarierte Gottesbeweis bereits gelungen ist: daß es *Ihn*, den Unverfügbaren und ganzheitlich Bejahten, auch tatsächlich gibt. Sonst wäre die ganze Bejahung eine von nichts.

Die angebliche unmittelbare Gotteserfahrung ist denn auch nie pure Erfahrung, sondern immer schon Erfahrung plus einem durch keine Erfahrung gedeckten Schluß daraus. Daß man nämlich, als man sich innerlich ergriffen fühlte, nicht etwa von seinen eigenen Gefühlen und Vorstellungen überwältigt wurde, sondern selbstredend von Allerhöchstdemselben, ist weder erfühlt noch erfahren, sondern lediglich gefolgert. Am springenden Punkt findet sich ausgerechnet der verstohlene Schluß von Gefühlen, Vorstellungen, Begriffen auf die Existenz eines Wesens, das diesen Gefühlen, Vorstellungen, Begriffen entspricht: eine karge logische Operation, nämlich die der Konklusion – einer untriftigen zudem. Und um deren Blöße nicht sehen zu lassen – die klassischen Gottesbeweise legten ihre Karten wenigstens noch offen und arbeiteten mit allen Errungenschaften menschlichen Scharfsinns – kommt das Geschwiemel von der existentiellen oder ganzheitlichen Ergriffenheit gerade recht. Es zecht auf die Kreide eines Gottesbeweises, den es herablassend zur Welt von gestern rechnet.

Gar so redlich, wie er daherkommt, ist ein Glaube, der sich mit geheimen und gewitzten Vernunftschlüssen zu immunisieren sucht, wahrlich nicht. Um so mehr zeigt er sich als das, was wir schon längst wußten, sagen die Atheisten: als unwahr. Wenn Gott nicht existiert, erübrigt sich alles Forschen nach Wahrheitskörnchen in der Religionsspreu, und wer davon nicht lassen kann, gehört zu den Halbherzigen, die es einfach nicht schaffen, sich konsequent von ihrem Zauber zu lösen.

Dieser Verdacht wird denn auch auf der andern Seite des dualistischen Weltbilds gegen meine Serie gehegt: der atheistischen. Dort wurde etwa aus dem Blasphemie-Artikel, der einigen Christenlämmern selbst blasphemisch erschien, eine »Argumentation zugunsten des Blasphemieparagraphen« herausgelesen, die zeige, »wie einfach man es sich auch heute noch mit dem Ruf nach Zensur machen kann«. So verzerren kann sich die Wahrnehmung eigentlich nur, wo schon die bloße gedankliche Berührung von Begriffen wie Religionsverhöhnung, Gott, Sinn zwanghaft-schmerzhaft mit Pfaffen, Kirche und allem, was sie einem einzubleuen versuchten, assoziiert ist. In dieser atheistischen Überempfindlichkeit steckt Angst vor dem Gottesbeweis – nicht die, er könnte mißlingen, die ihn nur noch unter dem Mantel der Selbstverleugnung werkeln läßt, sondern die Angst, er könnte zu gut gelingen, so daß, wie beim bösen Geist, die bloße Namensnennung macht, daß der Genannte selbst kommt und den, der ihn rief, holt.

Diese Art Angst vor dem Gottesbeweis ist freilich Angst vor den Leerstellen – Wunden –, die die Nichtexistenz Gottes hinterläßt. Jede menschliche Gefühls- und Gedankenbildung rankt sich an Personen, Ereignissen, Umständen empor, die ihr Festigkeit, Halt, Prägung geben. Sie bilden das Reich höherer Mächte – ob man sie Götter nennt oder anders, ist eine terminologische Frage – , an dem sich zu orientieren und mit dem sich zu identifizieren kein aufwachsendes Individuum umhin kann. Es gibt keine strikt areligiöse, glaubenslose Kindheit, und Atheismus wird nur so weit wirklich, wie man von der eigenen Kindheit loskommt: niemals ganz. Und so gewiß wie man lernt, daß Dinge Ursachen, Verhaltensweisen Gründe haben, drängt sich allmählich die Frage nach einer ersten Ursache, einem ersten Grund auf, wie umgekehrt die Tatsache, daß man Zwecke setzt, unausbleiblich den Gedanken eines letzten Zwecks hervortreibt, ohne den alle Alltagszwecke sinn- und zwecklos in der Luft hingen. Menschen können sich noch so aufklären und die höheren Mächte ihrer Kindheit als Spuk entlarven, solange sie bedürftige Wesen sind, werden sie das Bedürfnis nach einem ersten Grund und letzten Zweck, einem tragenden und bergenden Woher und Wohin ihres ungesicherten Daseins nicht los – und damit auch nicht die Versuchung, sich ein höheres, ihnen wohlgesonnenes Wesen zu fingieren, das diese Rolle spielt. Widerstehen sie aber dieser Versuchung, so sucht sie sogleich eine andere heim: mit der Existenz eines solchen Wesens auch das Bedürfnis nach ihm zu leugnen – als könnten sie tatsächlich so autark, erhaben, unerschütterlich, mit einem Wort so erwachsen sein wie sich Epikur den Weisen oder Nietzsche den Übermenschen vorstellte. Der Theismus fingiert Gott, der Atheismus einen Menschen, der ihn nicht nötig hat. Nun sind zwar die bestehenden Möglichkeiten, menschliche Bedürftigkeit zu lindern, in skandalöser Weise unausgeschöpft. Aber vollkommen aufhören könnte sie erst im ewig-glückseligen Zustand, den nur ein Gott herzustellen vermöchte. In letzter Instanz ist menschliche Bedürftigkeit Gottesbedürftigkeit, der Gedanke Gottes daher unveräußerlicher Bestandteil ihrer unverkürzten Selbstreflexion – auch wenn es Gott nicht gibt.

Daß Gott sich als Thema für den *multiple choice*, wo man mit Ja, Nein oder Unentschieden ankreuzt, nicht sonderlich eignet, wagt kaum jemand öffentlich zu bestreiten. Um so aufschlußreicher, daß in fast allen Stellungnahmen zum Thema, zieht man einmal Wortschwall und Gelehrsamkeit ab, eben dieses als viel zu primitiv deklarierte Raster übrigbleibt. Das dualistische Weltbild kennt Gläubige, Ungläubige und eine dritte Art: die Indifferenten, die meine Serie überflüssig finden, weil sie sich in Glaubensfragen einmische, die jeder mit sich selbst abmachen müsse, daher unnötig Leute verprelle statt zur Klärung irgendeines relevanten Problems beizutragen. Ob sie es nun für bedeutungslos halten, ob man an Gott glaubt oder nicht, oder für die hochzurespektierende Entscheidung eines jeden, die keine Einmischung duldet – sie teilen dabei mit allen, die sich für gläubig oder ungläubig halten, deren dualistisches Weltbild. Selbst aus dem Kreis derer, die die »Religionswende« und ihren Versuch, dualistischen Starrsinn aufzubrechen, interessiert bis zustimmend verfolgt haben, fragen einige, was ich denn, nach all den Wendungen, die meine Argumentation nehme, am Ende sei: gläubig oder ungläubig, und warum ich damit hinterm Berge halte? Meine Antwort: Nein, ich halte nicht hinterm Berge, habe nicht, wie Platon, eine ungeschriebene Geheimlehre hinter dem Geschriebenen, sondern glaube, was ich öffentlich sage und schreibe: daß mit den Begriffen Glaube und Unglaube der modernen Wirklichkeit nicht mehr beizukommen ist, daß das Bekenntnis zum einen wie zum andern gar nicht recht weiß, was es tut. Der Theismus ist heute selbst zutiefst vom Unglauben durchtrieben, der Atheismus nicht entfernt so ungläubig, wie er sich gibt. Darüber, wie beide einander durchdringen und keiner von beiden mehr das ist, als was er sich vorstellt – darüber ist Rechenschaft abzulegen.

»In unserm Weinberg liegt ein Schatz«, sagt in Bürgers Gedicht der sterbende Vater, und seine Söhne machen sich nach seinem Tod sogleich auf, den ganzen Weinberg durchzupflügen und umzuwenden, finden den Schatz nicht, gelangen aber dank dieser Arbeit zu einer derart überreichen Ernte, daß sie schließlich merken, worin der Schatz eigentlich besteht. Dies Gedicht hat nicht nur einen ökonomischen, sondern auch einen theologischen Sinn. Den göttlichen Schatz, den die Religion verheißt, birgt sie nicht. Aber das Durchpflügen und Umwenden ihrer Gedanken kann ihr zu einer Fruchtbarkeit verhelfen, für die der Gegenwart noch weitgehend das Sensorium fehlt.